Cultura digitale

Tra influencer, identità ed educazione

Maria Gabriella D'andrea

Indice

Introduzione

Le relazioni sociali, il vissuto e l'immaginario collettivo sono mediate dalle tecnologie e per questo da anni sono oggetto di riflessione scientifica da parte di differenti tradizioni disciplinari. A partire dal 900 lo sviluppo dei mezzi di comunicazione di massa è stato il punto di partenza di molte riflessioni sociologiche.

Con l'introduzione dei dispositivi tecnologici nella sfera socio-culturale stiamo assistendo a una trasformazione ed evoluzione in ambito mediale e socio-antropologico. I nuovi new media hanno rivoluzionato il quando, il come e il dove comunicare. Grazie alle nuove reti sociali, parte integrante della strategia di partecipazione online del web 2.0, le persone possono comunicare tra loro come mai prima d'ora. Il web 2.0, si fonda infatti sul concetto di community, sull'uso di social network, blog, forum, podcast, wiki per creare una nuova esperienza costantemente connessa e interattiva. La mia intenzione sarà quella di mettere in risalto alcuni aspetti dell'era digitale. Partendo dalla considerazione che i media digitali si orientano in modo spontaneo verso lo spazio pubblico e che incoraggiano gli attori sociali ad una elaborazione creativa, ho scelto di sottoporre alla mia attenzione il rapporto che intercorre tra i media e i suoi fruitori in tutte le sue forme, fino a giungere all'educazione e alle nuove metodologie della didattica che fanno uso delle tic (tecnologie dell'informazione e della comunicazione). Considero tutta la produzione mass mediatica un'opera d'arte in grado di riprodurre ambienti e rievocare periodi storici; il presente; il passato e capaci di proiettarci in un futuro non troppo lontano. Allo stesso tempo i media e i social network imbarbariscono il pensiero e rendono effimere le emozioni. Si pensa poco, si agisce meno e si cercano soluzioni in un contesto virtuale, invece di trovarle in quello reale. I social media e le piattaforme digitali (pensiamo al grande colosso Netflix o al neonato Disney plus) diventano il palcoscenico della narrazione quotidiana. Gli utenti, in particolare i nativi digitali, toccano i temi fondamentali dell'esperienza: l'amore, la morte, le pulsioni affettive, le coreografie della violenza, i riti di passaggio, l'educazione, l'informazione, l'istruzione, in uno scenario digitale. Pensiamo agli influencer che giocano un ruolo fondamentale nella formazione educativa dei nativi digitali, in quanto si tende ad imitare ogni loro azione. I processi mediatici contribuiscono alla costruzione collettiva dell'idea di mondo. Partendo da ciò la mia ipotesi di ricerca è stata quella di cercare di descrivere, l'influenza dei dispositivi tecnici che sono in grado di manipolare, creare mondi, e modificare persino la concezione dello spazio e del tempo. Sono diventati ormai prolungamento del nostro corpo in grado di provocare esperienze anestetiche. Gli artefatti tecnologi consentono l'espansione di una molteplicità di stimoli da cui estrapolare di volta in volta proprietà che rendono l'ambiente virtuale quasi reale. Sta svanendo la distinzione tra realtà virtuale e realtà offline in quanto si riesce ad estendere parti della propria sensibilità su oggetti inanimati. Basti pensare ai semplici dispositivi di navigazione interattivi o ai videogiochi che hanno la capacità di rendere invisibile all'occhio umano i principi scientifici che definiscono la tecnologia "un'estetica magica", per la loro capacità di sembrare essere mosse da forze magiche. Importante sarà la riflessione sociologica sul rapporto tra uomo e tecnologia. Ricordiamo studiosi come Marshall McLuhan, con il concetto di "ossessione feticistica o narcosi di narciso", (M.McLhuan, Understanding Media) nei confronti delle nuove tecnologie. La situazione inizia a cambiare verso la fine del XIX secolo in coincidenza dello sviluppo dei mass media, in quanto la divulgazione di notizie aumenta grazie alla stampa, radio e televisione e ciò crea le premesse culturali alla violazione della privacy e all'identità. La situazione si fa ancora più problematica quando, oltre a quelle culturali, si sviluppano anche le premesse tecniche che invadono i dati personali e si inizia così a divulgare informazione sulla vita dei soggetti che non hanno mai espresso il loro consenso, invadendo così anche le sfere più intime e personali dell'esistenza altrui. Ma, questa trasformazione nel modo di socializzare, ha delle ripercussioni sulla costruzione dell'identità. L'io viene frammentato in tante parti e si inizia a riconoscere attraverso una mediazione che ha luogo al di fuori di sé e che unisce l'identità e la socialità. Il nostro immaginario collettivo continua ad essere nutrito da icone e simboli che ne riaffermano in modo o nell'altro la nostra esistenza. La nostra anima o il nostro spirito, sembra oggi trovare rifugio all'esterno del corpo, come ai tempi omerici. E dal di fuori della materialità dell'uomo, con la sua nuova "essenza" digitale, esso orienta e manovra i comportamenti del soggetto contemporaneo, esattamente come faceva Cupido a suo tempo con gli individui che voleva far innamorare tra loro, fra qualche decennio magari, vedremo i neuroni del nostro cervello all'esterno seguendo una logica binaria, come accade a Lucy (film del 2014) che riesce ad estendere il potere della sua mente al 100% come se fosse un pc. Inutile dire che si tratta di una tendenza, ancora da studiare, la cui diffusione sembra al momento crescere in modo esponenziale, parallelamente all'evoluzione di questi settori tecnologici, sempre più rilevanti per la formazione del nostro immaginario collettivo. A tal proposito l'esperienza di Meet The Media Guru, programmi di incontri che dal 2005 ha portato in scena a Milano i protagonisti della cultura digitale internazionale, trova piena valorizzazione e arricchimento in questo nuovo scenario. Nella dimensione aperta e creativa del progetto, la fluidità del dialogo tra i guru protagonisti e il pubblico, insieme all'interattività della rete trovano forma compiuta per trattare delle tematiche post-moderne. Studiosi dal calibro di Zygmunt Bauman e Edgar Morin sono stati tra i tanti a decidere di partecipare a questa iniziativa e trattare così delle problematiche inerenti all'identità, all'etica e alla dicotomia tra vita reale e virtuale. È chiaro ormai che con gli artefatti digitali la personalità che l'attore sociale sviluppa è profondamente diversa da quella che lo stesso soggetto mostra di avere al di fuori delle mura domestiche. Si crea quindi un doppio della propria identità e i soggetti moderni e contemporanei cercano di adattarsi a questo nuovo scenario culturale modificando e ambientando la propria immagine. In questo processo di trasformazione anche le esperienze sociali e mediatiche sono diverse e rendono l'uomo ancora più complesso e dinamico. Tutto ciò può essere riconducibile a un'analisi del panorama mediale, come ad esempio le serie tv? Riescono ad essere strumento che funge da immagine del mondo e a riprodurre precise modalità di partecipazione alla realtà. In esse lo spettatore colleziona indicazioni preziose sulle proprie tendenze, sui propri stili, sui propri desideri e chi meglio dei fan può raffigurare, la cultura popolare contemporanea? Ed è per questo che il concetto di "fandom" dovrebbe essere oggetto di attenzione, in quanto sono proprio loro a donare uno status di culto ai prodotti dell'industria culturale. Nel mio lavoro ho preso in considerazione anche le dinamiche del fandom, al fine di cercare di descrivere le categorie dell'era digitale in una prospettiva che si presuppone espandersi sempre più nelle direzioni di: collaborazione, condivisione, cooperazione e partecipazione; rimandando tutto al culto delle comunità virtuali. La comunicazione praticata attraverso i social media, hanno riequilibrato il sistema mediatico partendo da dinamiche più convenzionali, emotive, affettive, in cui le audience sono molto più direttamente coinvolte nel processo di produzione e mettono in atto tattiche collaborative variegate e complesse.

Ritengo che oggi, bisognerebbe dare spazio a narrazioni sociali che avvengono nel mondo dei mass media e dei social media e ai suoi protagonisti che abbracciano un vasto gruppo di utenti sia in rete che non, e concentrare l'attenzione anche sull'universo giovanile, che sono appunto i nativi digitali. Nuovi linguaggi e categorie mentali si fanno strada grazie ai nuovi dispositivi tecnici. Ed è proprio da qui che la tradizione sociologica dovrà prendere spunto per nuove questioni e interrogativi.

Capitolo 1
Dall'analogico al digitale: prima e dopo i mass media

1.1. Dai mass-media ai new media

> "Non può essere compresa né la storia di un individuo né la storia di una società senza comprendere entrambe"
> (S. Mills, Per una sociologia comprendente)

Gli artefatti digitali sono uno strumento per comprendere individuo e la storia della società. Il rapporto che si crea tra un device e il suo "padrone" è prettamente personale. Ciò che viene a mancare è l'intimità delle azioni che svolgiamo come ad esempio leggere un libro nella nostra camera da letto o al parco. L'espressione mass media descrive l'insieme delle tecnologie che diffondono le informazioni ad ampio raggio e la cultura che si è sviluppata nella società moderna, in particolare fra l'Ottocento e il Novecento, in seguito alle rivoluzioni industriali. Rientrano nella categoria dei mass media la stampa periodica prodotta industrialmente con alte tirature, il cinema, la radio, la televisione ed internet. I mass media possono essere considerati come uno sviluppo dei media, rispetto ai quali possiedono però alcune caratteristiche distintive. Il termine medium riferito all'universo della comunicazione designa ogni strumento o tecnologia che permetta di superare i limiti della comunicazione orale, o faccia a faccia. Sono quindi mezzi di comunicazione la scrittura, il telegrafo, il telefono. Ma nessuno di questi "artefatti/ strumenti" può essere definito di "massa", sia perché permette uno scambio di informazioni soltanto tra due persone, sia perché è caratterizzato da una diffusione limitata, a causa delle lente modalità di produzione e del ristretto numero di fattori. Al contrario i mass media si rivolgono sempre a un grande numero di utenti: migliaia, centinaia di migliaia, addirittura milioni, come nel caso delle trasmissioni radiofoniche, dei programmi televisivi o dei collegamenti internet, con o senza fili. Ecco perché si può dire che siamo entrati nell'era dei mass media, quando, grazie a importanti innovazioni tecnologiche, il messaggio, può raggiungere prima del suo ideatore, gli stake holder. In questa prospettiva, l'invenzione che ha aperto la strada alla civiltà dei mass media è stata quella del telegrafo elettrico, avvenuta nel 1836 a opera dello statunitense Samuel Morse. Con la diffusione degli elaboratori elettronici si è evoluta la capacità di memorizzare, elaborare, incrociare ed aggiornare, rapidamente e a costi contenuti, i dati personali di milioni di persone. Nasce in questo modo la c.d. "sindrome del pesce rosso", e cioè la sensazione dell'attore sociale di essere in un'ampolla di cristallo trasparente, continuamente osservato da milioni di occhi, anche definita "sindrome del grande fratello", per sottolineare come, a spiare l'uomo in ogni luogo e in ogni aspetto della sua esistenza, siano le nuove tecnologie informatiche e, in definitiva, l'elaboratore elettronico: per l'appunto, il grande fratello onnipresente che, se da un lato aiuta l'uomo a svolgere meglio alcune sue attività, dall'altro lo assoggetta ad uno spietato ed inevitabile [1]controllo. (Davide Bennato, Sociologia dei media digitali). A mio avviso, come tutti i cambiamenti sociali e tecnologici, i social media presentano degli elementi interessanti e danno indicazioni sulla società odierna. La letteratura mass-mediologica che si è interrogata sulle infrastrutture tecnologiche della trasmissione della comunicazione, ha sempre fatto riferimento alla peculiarità dei mezzi di comunicazione di massa analogici ed elettronici - *il broadcasting* -(DeFleur,Ball-Rokeach,1995;Thomson,1998).

Con il termine "broadcasting" si fa riferimento alla modalità di trasmissione detta da uno a molti, in cui c'è una sorgente di comunicazione che espande il proprio contenuto ad un gruppo di persone che diventa il pubblico dei media. Il termine broadcast deve la propria diffusione proprio allo sviluppo del sistema radiotelevisivo (Soeice,2005; Bondi,2006, D,Bennato pp. 4-5). Le analisi più recenti hanno dimostrato la relazione tra

---

[1] Davide Bennato, Sociologia dei media digitali,p 32. Ed. Laterza 2011

dimensione tecnologica e simbolica dell'artefatto televisivo (Silverstone, 2000), hanno evidenziato che considerare il broadcast come semplice soluzione tecnologica non rende conto della complessità sociale che tale strategia porta con sé. Infatti, Rymond Williams (2000) considera il broadcast come una forma culturale a tutti gli effetti, il cui ruolo è stato quello di fornire uno strumento istituzionalizzato prima per la trasmissione delle notizie e poi per l'approvvigionamento sociale, diventando così un sistema di controllo sociale. Quindi il broadcast è una forma culturale caratterizzata da una precisa architettura trasmissiva con delle specifiche componenti sociologiche (Filder,200). Con il passare del tempo e con la maggiore presenza di tecnologie per la diffusione delle comunicazioni, progressivamente si è fatto avanti un altro concetto legato all'architettura della trasmissione delle comunicazioni: il narrowcasting. Con questo termine si vuole disegnare il passaggio da un sistema tecnologico di comunicazione da uno a molti (il boradcasting) a un sistema pochi a pochi. (Hirst, Harrison, 2007). In poche parole con il narrowcasting, usato anche da Davide Bennato, (Sociologia dei media digitali D.Bennato) è possibile usare un canale comunicativo per veicolare contenuti a pubblici specifici/di nicchia. Il narrowcasting non è altro che la condizione tecnologica e sociale di quella che è stata definita la fine delle comunicazioni di massa (Olivi, Somalvico, 1997). Oggi, se si volesse dare una definizione in grado di comprendere la componente trasmissiva e quella simbolica della comunicazione internet contemporanea, si potrebbe usare il termine "socialcasting".

Con il termine "socialcasting", intendiamo la modalità di trasmissione caratteristica del web sociale e partecipativo, il cui processo distributivo fa riferimento ad una community di persone che decidono in completa autonomia di aumentare la circolazione di un contenuto grazie alla possibilità di condivisione delle nuove piattaforme tecnologiche. Gli esempi più incalzati sono i social come Facebook e Twitter, che hanno invaso la quotidianità degli individui, in particolare dei giovani, alterando e amplificando il modo di interagire con i propri simili. I mass media di ultima generazione, cioè i mezzi di diffusione ad ampio spettro per il propagarsi della cultura e delle informazioni basati sull'uso del computer e delle sue applicazioni, viene utilizzata l'espressione new media. In questo campo, nell'ultimo decennio del secolo scorso, la più grande novità è stata la rapida e universale affermazione di internet, termine che deriva dall'espressione "international Network" e che indica la "rete" per eccellenza, ovvero una rete telematica pubblicamente accessibile che collega tra loro i computer di tutto il mondo. Coloro che sono nati dopo il 1980 non hanno avuto bisogno di applicarsi con fatica per apprendere la modalità di funzionamento e le potenzialità di questa rivoluzionaria tecnologia: muovendosi nella rete con la disinvoltura dei pesci d'acqua nell'acqua, i giovani d'oggi padroneggiano con facilità i meccanismi di internet: partecipano alle discussioni delle comunità virtuali, visitano, creano e gestiscono siti, mostrano pubblicamente album fotografici e filmati realizzati in proprio. Alla fine del 2006, **Jenkins** ha illustrato sul suo blog otto caratteristiche importanti dello scenario dei nuovi media. (www.henryjekins.org)

Il panorama mediatico contemporaneo è:

- innovativo: le tecnologie si evolvono con rapidità. Le innovazioni tecnologiche ci arricchiscono sul piano materiale ma ci impoveriscono su quello umano, soprattutto se non ci dà il tempo di digerire, riflettere e scegliere. La creatività è stimolata, si aprono nuovi territori da esplorare, le opportunità espressive aumentano e la produzione estetica è diversificata.

- Convergente: computer e cellulari hanno scoperto molteplici funzioni e si sono trasformati in smartphone che consente di incanalare le funzioni di telefono, stereo, fotocamera, tutto in uno come se fosse una bacchetta magica che crea app sempre più evolute.

- Quotidiano: i media e le nuove tecnologie fanno parte del vissuto e in questo senso si può parlare di multitasking e bisognerebbe ammettere che è necessario acquisire alcune abilità per affrontare il nuovo ambiente. Il multitasking, a mio avviso, andrebbe insegnato a chi non ce l'ha nel Dna, non bruciato sul rogo e bisognerebbe inserire manuali d'uso nelle biblioteche.

- Interattivo: grazie ai nuovi media, possiamo interagire in maniera più profonda con suoni, immagini, informazioni. Possiamo scegliere in ogni momento cosa vedere o ascoltare, possiamo archiviare contenuti, usarli e modificarli in contesti differenti e nuovi. Ci si (ri)appropria di contenuti e ciò crea una vastità di produzioni amatoriali (pensiamo all'app tik tok e a come i giovani tendono a organizzare e a ridefinire i loro contenuti, per poi condividerli con il resto del pubblico social), creatività diffusa per generare nuove forme di vita e nuove pratiche culturali.

- Partecipativo: oggi abbiamo a disposizioni nuovi canali per far conoscere le nostre idee a un pubblico molto più ampio. Certo non basta aprire un blog o un account instagram, bisogna sviluppare abilità che rendano il contenuto nuovo e originale.
- Globale: le nuove tecnologie ci permettono di interagire in qualsiasi momento con persone e situazioni, a prescindere dalla nostra posizione geografica.
- Generazionale: tra "nativi" e "immigrati" dell'era digitale e partecipativa ci sono attitudini molto differenti, approcci diversi agli stessi media. Le comunità dovrebbero educarsi e confrontarsi a vicenda proprio per non creare un divario digitale e non incorrere nei rischi che questi artefatti possano generare.
- Ineguale: quando in Italia ci riferiamo al "digital divide" lo si fa sempre in termini tecnologici. Bisognerebbe dotare le scuole di pc aggiornati, portare la fibra ottica ovunque, bisognerebbe accedere a hotpost per la connessione wireless, supportare ogni ambiente, anche quello dello svago (come bar, enoteche e ristoro) e via dicendo. Fatto ciò si potrà colmare il divario digitale.

In quest'ottica possiamo dire che i media assumano delle caratteristiche "magiche" e diventano delle personificazioni dell'io dell'individuo. (i-phone, i-pad). I media sono magici anzitutto perché aboliscono la distanza. La distanza spaziale, in quanto consentono di "afferrare" ciò che è lontano, informe, astratto, incerto: i riti magici sono conoscenza applicata, e in epoca di incertezza, senso di irrilevanza, paura di perdita di controllo servono a restituire un senso di contatto con la realtà, di efficacia per fino di potere. Azzerare la distanza è una caratteristica cruciale dei media: la stessa immagine (i-mago) non ha più i caratteri scopici (distanza oggettivante) che la caratterizzavano nell'era della stampa di Gutenberg. Abolire la distanza è la condizione per poter afferrare e incorporare. [2]Quando McLhuan definisce i media come "metafore" si riferisce proprio alla loro capacità di "lasciar andare la realtà e riafferrarla in modo nuovo". Per la "presa" che ci offrono sul reale i media possono essere definiti magici, come magico è ogni dispositivo che svolge la stessa funzione Mai come nella nostra epoca dei sondaggi, delle statistiche e degli indici appare evidente la magia del numero: "i numeri infatti, persone o cifre, e le unità monetarie sembrano possedere lo stesso potere magico di afferrare e incorporare" (J. B. Thompson, Mezzi di comunicazione e modernità, Ed. il mulino, Bologna 1998). Nella prossemica della vita contemporanea il numero, strumento atipico ed estensione del tatto, consente di afferrare ciò che sfugge, e dona l'illusione di possederlo o almeno, tenerlo sotto controllo. Le nuove tecnologie aboliscono, quindi, anche il tempo. La simultaneità despazializzata che i media rendono possibile (generalmente, e non a caso, attraverso un qualche tipo di "tocco": sfiorare un telecomando, cliccare su un mouse, o dare dei comandi con la voce a Siri o ad Alexa), rappresenta la caratteristica fondamentale della magia come tecnica capace di produrre un azzeramento dell'intervallo tra desiderio e realizzazione. La nostra cultura subisce una trasformazione profonda nella contemporaneità ipermediatizzata, nella direzione di un multitasking che, policronicamente, consente più attività alla volta (e in questo ci riavvicina al tempo tribale) ma – monocronicamente - non tollera intervalli non riempiti, interstizi non saturati: lo stesso tempo dell'attesa, per non essere "sprecato", va riempito da qualche attività (sempre più mediatizzata), dall'inviare sms mentre si aspetta l'arrivo del tram ad ascoltare l'i-pod durante il tragitto per andare a scuola, al lasciarsi attirare dalle immagini che scorrono sugli schermi della banchina della metropolitana). I media sono sempre meno "strumenti" e sempre più "mondi o meglio "ambienti", vogliamo aggiungere, e almeno in due sensi: sono ambiti in cui possono accadere cose straordinarie, secondo i nostri desideri; sono ambienti in cui i nostri poteri sono speciali, la

---

[2] Ibdem, p108

nostra sensibilità è sviluppatissima, dove la tecnologia diventa un
"euforizzante sociale" e dove i media intensificano la sensibilità
e quindi le esperienze, in un contesto caotico ma ricco di
opportunità potenziali. Da un certo punto di vista, è come se i
nativi digitali acquisissero dei super poteri stile Avengers che gli
permettono di vedere e sperimentare la tecnologia in modo nuovo
e magico. In questa prospettiva potremmo dire che la tecnologia
diventa: tecno-magia dando il via a nuove categorie. Le principali
le potremmo racchiudere nelle seguenti:

- Estensione del corpo
- Non esiste più un solo luogo
- Nuovi modi di sperimentare e riconoscere le emozioni
- Nessun limite alla comunicazione
- Abolizione di spazio e tempo

Ed è, in quest'ottica, che le tecnologie ridefiniscono la
presenza e il sé dell'individuo verso se stesso e gli altri e nei
confronti del mondo. L'uomo, invece, di sviluppare migliori
occhi e migliori orecchie, produce occhiali, microscopi, telefoni,
e così via. E invece di sviluppare memorie e cervelli migliori,
l'uomo produce carta, penne, macchine da scrivere, libri e
biblioteche. Se dunque la creazione e l'utilizzo delle tecnologie
rivolte verso l'esterno, risulta un fenomeno proprio dell'essere
umano, il processo di confluire tali tecnologie verso l'interno,
processo che si manifesta soprattutto attraverso la
socializzazione, può essere almeno, antropologicamente fondato.
Questi utensili, in quanto estensione dei nostri sensi, quando
agiscono l'uno sull'altro, creano nuovi rapporti, non soltanto tra i
nostri sensi ma tra di loro. La radio mutò la forma dell'articolo
giornalistico, nella stessa misura in cui alterò con il sonoro
l'immagine cinematografica. La tv provocò drastici mutamenti
nella programmazione radiofonica e nella forma del romanzo-
documento. Ed è con la tecnologia elettrica che le nostre vie
personali e collettive sono diventate processi d'informazione in
quanto abbiamo posto fuori di noi il nostro sistema nervoso
centrale. M. McLhuan a tal proposito scriveva che: "Ogni
invenzione o tecnologia è un'estensione o un'autoamputazione
del nostro corpo, che impone nuovi rapporti o nuovi equilibri tra
gli altri organi e le altre estensioni del corpo, mentre tutte le
tecnologie precedenti (salvo la parola) avevano infatti esteso parti

del nostro corpo, si può dire che l'elettricità abbia esteriorizzato il sistema nervoso centrale, cervello compreso, il sistema nervoso centrale è un campo unificato praticamente senza segmenti". In merito a ciò il primo strumento tecnologico per antonomasia è stato il linguaggio, attraverso il quale l'uomo diventa capace di osservarsi, non grazie a uno sguardo visivo, ma proprio grazie alla mediazione delle parole e della loro particolare forma strutturale. In questa prospettiva il filosofo, Martin Heidegger, nel saggio "La questione della tecnica" considera la tecnica come un mezzo e un'attività dell'uomo, descrivendola come definizione strumentale e antropologica, suggerisce che tale rappresentazione condiziona ogni sforzo di condurre l'uomo nel giusto rapporto con la tecnica. Il filosofo chiama in causa la volontà di dominio dell'uomo sulla tecnica, che si fa tanto più urgente quanto più essa minaccia di sfuggire al suo controllo, affermando che la definizione strumentale della tecnica, non mostra però la sua essenza. Ovvero, egli definisce il termine tecnica come definizione strumentale antropologica, no come un mezzo (attività dell'uomo), perché l'essenza della tecnica non è qualcosa di meramente tecnico. L'essenza della tecnica non si riduce solo ad essere strumento *per*, ma è anche *disvelamento* della verità. Lo studioso muove le sue considerazioni tenendo conto delle ragioni della parola tecnica (dal greco *tekne*), Heidegger precisa che tale termine non si riduce entro l'ambito poetico del fare, dove per fare si intende sia la produzione manuale che le belle arti. Per i greci produrre è anche conoscere. Quindi nella tecnica c'è anche conoscenza e da tutto ciò il filosofo deduce che il disvelamento è la dimensione propria della tecnica dove la produzione diventa una pro- vocazione. «la verità c'è, dove c'è conoscenza e per fare si deve anche sapere.» In sostanza la tecnica si presenta all'uomo come un destino a cui esso è chiamato quando deve assolvere la sua necessità, perché mostra il necessario e nasconde il possibile. Questa realizzazione (il possibile) è l'essenza dell'uomo, la sua dignità suprema. Ciò è possibile muovendo dalla tecnica dell'arte che porta l'uomo ad essere custode della disvelatezza. Ora questo processo di disincantamento del mondo, notato dall'autore stesso, si sta capovolgendo nel suo contrario, ovvero in un nuovo re incantamento del mondo. Ciò diviene chiaro se si guarda ai nuovi strumenti di comunicazione di massa che vengono personificati dall'uomo. (M.Heidegger, *la questione della tecnica*, 1957).

1.2. Per una educazione al digitale: il valore dell'educazione e dell'accesso alle tecnologie

Partendo da questi presupposti credo sia importante proporre una vera e propria "alfabetizzazione" del mondo digitale. È' necessario "istruire" i giovani all'utilizzo delle tecnologie e sulla loro fruizione, in modo tale renderli consapevoli e coscienti del grande universo a cui vanno incontro. Bisognerebbe creare una mini guida che spieghi ai più giovani e anche agli adulti come utilizzare i media digitali e le tecnologie informatiche. Si deve portare la cultura digitale nelle scuole secondarie di primo e secondo grado e nelle università con attività di informazione e azioni etiche che migliorino la società grazie a un uso consapevole della rete.

A scuola si parla di digitale. Ma come se ne parla?

I pochi interventi nelle scuole vengono fatti da professionisti che spesso non sono utilizzatori degli strumenti digitali di cui parlano. Per risolvere i problemi sono nate delle associazioni per aiutare ragazzi e genitori: create per rendere consapevoli ragazzi e genitori attraverso una rete capillare di formatori-volontari in tutta Italia. I vantaggi di un'educazione digitale data da un approccio preventivo e con una comunicazione tra pari sono:

1. formare i giovani e renderli immuni dai problemi e rischi derivanti da un uso non consapevole del web, come ad esempio i danni alla reputazione, spesso insanabili.
2. aiutare i giovani a diventare vere risorse per lo sviluppo della società, a conoscere il mercato del lavoro e le competenze digitali richieste.

I problemi trattati sono:
- reputazione digitale
- sexting e cyberbullismo
- innovazione e mondo digitale

- dipendenza dai social

Molto spesso neanche i docenti sanno utilizzare programmi informatici e le piattaforme digitali. Essi pensano che un semplice programma vada a sostituire la persona e non si pongono tra l'artefatto digitale e lo studente. I programmi sono solo degli strumenti che fanno da supporto e compensano studenti e docenti e non vanno mai sostituiti alla persona fisica. Sul versante istruzione ed educazione, le scuole hanno iniziato a dotare le classi di particolari strumentazioni che rendono possibile le classi 2.0. Il piano Scuola Digitale è stato promosso dal MIUR al fine di modificare gli ambienti di apprendimento degli istituti scolastici italiani, mediante l'integrazione delle tecnologie nella didattica. L'obiettivo è creare ambienti in cui gli studenti possono ricevere molteplici stimoli culturali. Questi ambienti devono rappresentare uno spazio di apprendimento aperto sul mondo, nel quale gli studenti costruiscono la loro conoscenza. Per questo motivo è necessario che le nuove tecnologie si integrino al meglio nell'ambiente scolastico e nel processo di insegnamento e di apprendimento che quotidianamente avviene. Tra le distinte azioni che compongono il piano Scuola Digitale, ve ne sono più importanti:

- il piano diffusione Lim che prevede di dotare le scuole statali di kit tecnologici composti da: Lim con un proiettore integrato, collegate a un personal computer;
- il piano cl@ssi 2.0: prevede di creare aule che siano ambienti di apprendimento (le classi 2.0) in cui si integrano diversi device (lim, tablet, stampanti, scanner) che vengono utilizzati in modo naturale per creare una nuova impostazione didattica e nuovi processi di apprendimento;
- il piano editoria digitale: ha come obiettivo la realizzazione di prodotti editoriali innovativi, cioè prodotti editoriali che permettono a docenti e alunni di interagire efficacemente con le moderne tecnologie digitali e multimediali, sperimentando nuove modalità di insegnamento e apprendimento. Il progetto classi 2.0 si sviluppa in maniera parallela ad altre iniziative europee che hanno un profilo simile. In Spagna è stato attivato il progetto Escuela 2.0, mentre in Inghilterra ha

avuto luogo il progetto Capital. È importante sottolineare anche l'esistenza della comunità online di educatori, denominata Classroom 2.0, raggiungibile all'indirizzo: www.classroom20.com. Questo social network si occupa di implementare in un contesto d'aula le tecnologie del web 2.0, per creare una didattica collaborativa. La tecnologia favorisce un apprendimento in gruppo: ambienti virtuali collaborativi. A livello di apprendimento è quello che nasce attraverso l'attività condivisa di un gruppo. In questo caso, attraverso, il ragionamento collettivo si genera un iperpensiero che consente lo sviluppo di processi creativi e di conoscenza condivisa. Il principale ruolo della tecnologia in questo ambito è quello di fornire un ambiente collaborativo in grado di facilitare la co-costruzione di conoscenza.

- Una forma specifica di apprendimento collaborativo è l'apprendimento cooperativo: **cooperative learning**.

- Per Pirce l'idea è un contesto di apprendimento che viene favorito dalla collaborazione tra gli studenti, piu che dalla competizione tra loro. Mantenendo fede allo spirito dell'apprendimento collaborativo, anche nell'apprendimento cooperativo l'attività tra gli studenti è favorita mediante la formazione di gruppi. (Barbuto e Marini, 2016,164)

- Un'altra strategia efficace è quella di generare nello studente un senso di sfida e di gioco che possa mantenere l'interesse nell'attività comune. Una delle tecniche più usate per raggiungere tale obiettivo è la proposta di prove pratiche e/o di competizione tra i gruppi. (Emilio Barbuto e G.Marini, 2016, 259). La classe viene vista come comunità e la scuola deve essere analizzata nella sua interezza e per questo si dà importanza alla dimensione sociale e l'apprendimento diventa collaborativo e la metodologia adatta è l'interazione tra pari. Si collabora, si condivide e si coopera e tutto avviene attraverso il dialogo e il confronto e ciò genere nuove conoscenze.

- Col e Clp sono altre strategie dovute sempre all'integrazione fra pari.
- Col: cambia il modo di considerare la scuola e si dà valore al gruppo, la classe è una vera comunità ed è immaginata come tale. Si considera l'intero gruppo classe facendo riferimento a delle dinamiche sociali e interattive. Si rafforzano i legami e si incentivano attività di ricerca attraverso internet con l'ausilio di web forum ed e-mail. Il docente diventa membro della classe ed è più flessibile e tollerante e deve motivare l'apprendimento.
- Il modello CLP: computer as learning partner è un modello di comunità di apprendimento supportato da tecnologie digitali. Vi è una collaborazione tra esperti di tecnologia, insegnanti, ricercatori in ambito educativo ed esperti in ambito scientifico.
- Il modello SKI: Scaffolded Knowledge Integration prevede che le tecnologie debbano sostenere l'apprendimento oltre i confini della classe con discussione elettronica (email o blog). Poi vi sono le tic che nella scuola devono sviluppare un ambiento d'apprendimento nel curriculum scolastico.

Ma per parlare di classe 2.0, partiamo dalla dotazione tecnologica che essa deve avere. Connessione e lavagna interattiva multimediale collegata a un proiettore e a un computer e il pc deve essere collegato alla rete della scuola. L'aula della classe 2.0 deve essere dotata di alcuni dispositivi fissi. Oltre al pc collegato alla Lim, ce ne sono altri a cui devono essere collegati scanner, stampanti e fotocamere digitali. Queste periferiche sono utili per produrre materiali e documenti multimediali, che spesso rappresenta il prodotto finale di un percorso di apprendimento fatto dagli studenti. Infine, vi sono i dispositivi mobile che maggiormente contraddistinguono una classe 2.0. Ad esempio: notebook, tablet, smartphone o altri dispositivi analoghi. In generale docenti e alunni hanno già in dotazione questi dispositivi, in questo modo si riesce a creare un assetto d'aula uniforme e si tengono sotto controllo le compatibilità dei dispositivi con la rete, con i software adoperati e la dotazione hardware della classe (es pc fissi, stampanti e altre periferiche).

In questa prospettiva didattica, il ruolo dell'insegnante appare rivoluzionato e continua ad avere un ruolo chiave. Il docente deve essere in grado di gestire il lavoro di collaborazione che si delinea tra gli studenti, indirizzandolo e motivandolo con stimoli opportuni. L'insegnate realizza anche il materiale che funge da guida per le attività del gruppo e delinea possibili percorsi d'apprendimento personalizzati per ciascuno alunno. Il lavoro in classe è principalmente di osservazione, di indirizzamento e di gestione dei rapporti interpersonali. La gestione dei rapporti all'interno della classe avverrà sotto due profili distinti, mediante l'interazione tra i vari alunni e mediante l'interazione che si instaura negli ambienti d'apprendimento normale. Tra questi, ricordiamo le piattaforme didattiche online (LMS) e più in generale, tutti quegli strumenti ereditati dalla nascita del web 2.0. Anche la valutazione cambia con l'uso delle nuove tecnologie. La valutazione formativa ha l'obiettivo di valutare il processo di insegnamento-apprendimento durante il suo corso, per fornire sia al docente, sia agli alunni, degli indizi e dei suggerimenti per migliorare azioni valutative in corso d'opera. (E.Barbuto e Marini, 2016,260-261-272). Come piattaforme didattiche ricordiamo la: Virtual Learning Environment. Il suo sistema di gestione è costituito da un software che crea uno spazio o una rete virtuale che supporta la didattica. È come se si creasse una stanza da remoto.

Gli utenti connessi alla rete possono essere i membri di una classe oppure i membri di un istituto o di più scuole. In generale, queste reti sono da supporto alle lezioni e ai materiali che i docenti hanno creato in formato elettronico.

La piattaforma è dotata di:
- Forum di discussione
- Wiki
- Blog
- Chatline
- La video conferenza
- Strumenti e sistema di file sharing

Nell'ambito educativo mediante il web 2.0 e i software multimediali gli studenti possono essere in grado di realizzare materiale didattico e altri prodotti che favoriscono l'apprendimento. Negli anni 90 si è iniziato a prendere in considerazione l'idea che si potessero utilizzare dei giochi per favorire pratiche di apprendimento. Si parlava di Edutainment, cioè di una sorta di educazione intrattiene anche lo studente. In seguito il concetto di intrattenimento si è sviluppato in Digital-Based Learning: apprendimento basato sui giochi. In questo contesto si sono inseriti i Serius Games. Nell'ambito educativo i giochi seri hanno il compito di fare leva sull'interesse dell'utente e sul suo coinvolgimento per ottenere un fine specifico, che è quello di sviluppare nuova conoscenza e nuove abilità. Nei Serius games si possono ricreare degli ambienti immersivi o dei nuovi mondi, universi nei quali si muovono personaggi che possono essere guidati dal pc, dall'unte in prima persona o da altri utenti collegati al gioco attraverso la rete. L'utente può decidere di impersonare in modo stabile un certo personaggio e ricreare all'interno del gioco una vera e propria vita parallela, fatta di esperienze e di contatti, avventure e problemi da risolvere. Per tale motivo alcuni Serius Games vengono anche definiti giochi immersivi. Essi stimolano la fantasia, la curiosità e mantiene alta l'attenzione. (E.Barbuto e Marini, 2016, pp- 266-274) Tutto ciò ci ricorda un po' il gioco interattivo Second life: mondo virtuale nel quale gli utenti si muovono attraverso un avatar e ognuno è una persona reale e ogni luogo visitato è costituito da persone proprio come te e me. Insomma anche la scuola sta facendo la sua parte e deve equipaggiare gli studenti per la vita reale e renderli in grado di sviluppare competenze. Ed è chiaro che i media, qualsiasi essi siano, provocano dei cambiamenti sia negativi che positivi già da prima della messa in scena della categoria di nativo digitale. Si insediano in maniera invasiva tra i soggetti che interagiscono come una pellicola trasparente e impongono di modificare le proprie caratteristiche personali e di plasmarle. Quando ciò avviene, il soggetto cambia: cambia il modo di usare la tecnologia, cambiano i significati che gli si attribuiscono e le opportunità che è in grado di identificare e realizzare attraverso di essa. Questo processo di cambiamento è sia individuale che sociale. Prima i soggetti, con l'uso e il progressivo adattamento al medium, lo riescono ad usare in maniera intuitiva e modificano i propri processi cognitivi di conseguenza. In seguito, grazie all'interazione attraverso il medium, i soggetti creano delle pratiche condivise che strutturano sia l'identità che le relazioni del nativo digitale. Si stabilisce così un meccanismo dinamico attraverso il quale tutte le tecnologie precedenti sono solo estensioni di mani, piedi, occhi e pensieri. Tutte queste espansioni, comprese le città, saranno convertite in sistemi informati. La tecnologia richiede obbedienza profonda e silenzio contemplativo, perché è adatta a creature il cui cervello è fuori dal corpo e si stabilisce un meccanismo dinamico attraverso il quale tutte le tecnologie precedenti sono solo estensioni di mani, piedi, occhi e pensieri. Tutte queste espansioni, comprese le città, saranno convertite in sistemi informativi. La tecnologia richiede di essere ascoltata e silenzio, perché è adatta a creature il cui cervello è fuori dal cranio e nervi fuori dalla pelle. L'uomo deve servire la sua tecnica con la stessa lealtà della canoa, della macchina da stampa e di tutte le altre estensioni degli organi del corpo. Ma la differenza è che la tecnologia precedente è tecnologia parziale e tecnologia frammentaria, mentre la tecnologia digitale è tecnologia globale e tecnologia compatta. Con i nuovi media, tutti i contenuti possono essere archiviati e convertiti senza problemi di velocità. Se non supera il reticolo, nessuna ulteriore accelerazione del cranio e dei nervi fuori dalla pelle sarà necessaria. Ma quali sono in particolare le conseguenze di questi processi per l'identità sociale dei nativi digitali? Il carattere distintivo dell'identità sociale: I nativi digitali possono usare i media digitali per modificare la propria identità sociale. Così facendo si perde la capacità di costruire un proprio se e si rischia di: non riuscir più a gestire la propria privacy avendo varie identità sociali; non si riesce più a distinguere tra amici veri e conoscenti e ciò mette a rischio anche la propria reputazione. Ad esempio, può scrivere testi o pubblicare immagini molto personali, che ha senso condividere con amici veri ma non con semplici conoscenti, con il rischio di provocare incomprensioni o attivare vere e proprie forme di bullismo digitale. In quest'era internet con i suoi siti tende a moltiplicare le differenze. La società per avere un vantaggio ha bisogno dell'aiuto delle politiche sociali che aiutano a colmare il disagio creato dalle reti. Perché ci sono dei rischi per la formazione della propria personalità: WhastsApp o Instagram. I giovani percepiscono la rete come estensione della propria identità e si sentono parte attiva di essa. I nativi digitali non fanno differenza tra la vita pubblica e privata. Essi non fanno differenza tra le azioni che accadono nella vita quotidiana e ciò che avviene online. Per loro è tutto un gioco virtuale: non c'è differenza tra un'offesa fatta sui social e una detta a voce. Ad esempio il caso della ragazza morta per aver preso parte a una challenge su Tik-Tok e aver reso la sua vita una sfida che è sfociata in un gioco mortale. D'altronde i giovani, quasi sempre, non hanno coscienza dell'importanza che hanno i dati che condividono in rete, e dell'uso che le aziende ne possono fare a fini commerciali attraverso banner promozionali che compaiono dopo ogni ricerca che facciamo in internet. Essi hanno smesso di utilizzare facebook e twitter perché non hanno più bisogno di estendere la loro rete di contatti, ma vogliono solo aumentare i followers. Per questo preferiscono social come tik-tok e instagram e chat come WhastsApp e telegram. Ma tale scelta è dovuta anche alla preferenza di scegliere contesti e luoghi dove la presenza degli adulti è nettamente ridotta. Per gli individui il web è il loro palcoscenico, una dimora dove esternare le loro emozioni, crescere ed apprendere. Ed è per questo che il problema di come educare al digitale deve essere legittimato per proteggere tutti gli attori sociali dal pericolo delle fake news e dalla violazione del diritto naturale di essere umano e quindi di essere libero. Il tema delle fake news non va sottovalutato. Quindi è importante educare al digitale. Inoltre, vi è effettivamente la possibilità che i giovani, usando i nuovi media, perdano l'abitudine a comunicare e interagire direttamente faccia a faccia.

1.3. «Apparire» nell'esperienza digitale: Gli influencer

La caratteristica più importante dei social network non è tanto quella di permettere la nascita di nuove amicizie, quanto piuttosto quella di rendere visibili e utilizzabili, in modi diversi, le proprie reti sociali. In questo senso i social network sono uno strumento potente che ci consente, ampliando e manipolando il nostro "capitale sociale", di creare e modificare la nostra esperienza. Proprio come è accaduto con Instagram, anche Facebook potrebbe nascondere il numero dei like sotto ai post. Il motivo? Bhe questa mossa è stata fatta apposta per distogliere l'attenzione delle persone da questo dato rispetto alla reale natura dei contenuti. Il conteggio dei like è stato nascosto a tutti e solo il creatore del post può vederlo. Anche il celebre social facebook per un po' ha adottato la stessa strategia, ma poi è ritornato sui suoi passi. Lo scopo voleva essere quello di diminuire la negatività e l'abbassamento dell'autostima nei confronti degli utenti. Ma tutto ciò che istagram ha fatto servirà a generare meno ansia e meno danni per la salute mentale? O sarà un ulteriore scusa per ricercare sempre più followers? Per capire se ci saranno ripercussioni dobbiamo aspettare ancora un po'. Ma intanto ansia, depressione, paura di non sentirsi adeguati al palcoscenico della vita è all'ordine del giorno. Interessante, a questo proposito è porre in rilievo un'altra questione: Facebook e Instagram si stanno sostituendo al ruolo dei genitori? La soluzione potrebbe essere quella di istruire i genitori e di renderli meno ignoranti in ambito digitale. Le famiglie dovrebbero sorvegliare i comportamenti dei propri figli, attraverso atteggiamenti più consapevoli dei social e conoscendo meglio gli artefatti digitali per poter poi intervenire. Invece, per quanto riguarda gli imprenditori digitali, a loro interessa fidelizzare il cliente ed aumentare la reputazione del proprio brand senza curarsi minimamente delle reazioni e delle ripercussioni che possano avere sui giovani utenti. Prende luce così un mondo irreale fatto a uso e consumo dei clienti e quello che conta è l'impretion. Ed è su questa scia che il palcoscenico dei social viene dominato dagli influencer. Ma chi sono? Qual è il loro ruolo all'interno della società? Gli influencer sono riusciti a ritagliarsi una grossa fetta nel panorama mediatico e ha collocarsi quasi ai vertici della piramide sociale. La vita si presenta a noi come un'esperienza ripetitiva costituita da fatti e abitudini e da ricorrenze (schema ripetitivo come delle sequenze) e gli influencer sono appunti abitudinali: ripetono sempre le stesse azioni e costruiscono la loro vita quotidiana sull'approvazione da parte di un audience. La trasformazione in atto nel sistema mediatico stimolino nuove letture e nuovi congegni interpretativi, più pertinenti con gli scenari e con la cultura della comunicazione globale, che sembra caratterizzare le società tardoindustriale. In questo momento di transizione e di ricerca di un nuovo paradigma, la posizione di studiosi come Nicholas Abercrombie e Brian Longhust, esposta in Audience (1998) appare molto promettente e chiede di essere verificata sul campo. I due ricercatori ritengono che siano maturi i tempi per un cambiamento epocale della sociologia dei media e propongono una radicale trasformazione delle sue attrezzature teoriche, soprattutto in funzione della ricerca sulle audience. Il nuovo approccio proposto, lo Spectacle/Performance Paradigm teorizza il ritorno del coro sulla scena e il riassorbimento del teatro nel rito. I due studiosi spiegano questo fenomeno contemporaneo con le pulsioni profonde del consumatore dei media verso il narcisismo e il protagonismo, con la ricerca da parte delle audience di un'esasperata visibilità. Al centro della SPP sta la necessità di meglio comprendere 'l'esperienza di essere membro di un'audience' nell'epoca tardo moderna, esperienza profondamente segnata, da un lato, dalla crescente pervasività dei media, dall'altro, dalla progressiva spettacolarizzazione della vita sociale e culturale: l'esperienza di essere membro di un'audience ha cominciato a uscir fuori dai confini definiti da specifici eventi performativi che precedentemente l'hanno contenuta per tracimare nel più ampio universo della vita quotidiana (Abercrombir-Longhurts, Audiences, p.36). Accanto a modalità tradizionali e consolidate di essere audience, emergono nella società contemporanea, forme peculiari dell'esperienza di essere membri di un'audience, che sono riassunte nel concetto di "audience diffusa". (specifico, ossia all'interpretazione del fandom). La caratteristica essenziale di questa esperienza è data dal fatto che, nella società contemporanea, ognuno di noi diventa pubblico (audience). Essere membri di un pubblico non è più un evento eccezionale e non è nemmeno un evento quotidiano. Si potrebbe dire che è "costitutivo della vita quotidiana" (Abercrombie-Longhrst, Audiences, p.68). La cultura mediale contemporanea è pervasiva e la società post-moderna è saturata dai media che offrono sempre più frequenti occasioni di 'essere pubblico', occasioni che sono sempre più indistinguibili dalla vita quotidiana. Di più: la costituzione e la regolazione del quotidiano è crescentemente definita dai media, come è stato rilevato in vari modi. Per esempio da Silverstine, che attribuisce alla presenza quotidiana della televisione un ruolo fondamentale nella definizione della "sicurezza ontologica". (cfr. R. Silverstone, televisione e vita quotidiana, il mulino Bologna 200). La società contemporanea, al contempo, assume le fattezze di una 'società performativa' (performative society), come l'ha definita Kershaw (London,1994), nella quale le faccende umane si strutturano sul crescente uso di modi d'azione e cornici performative, in cui i confini sono quasi invisibili: la performance diventa così profondamente inserita nella vita quotidiana che noi stessi ne siamo inconsapevoli. La vita è una performance costante e noi siamo pubblico e performer allo stesso tempo; tutti noi siamo incessantemente un pubblico, e la performance cessa di essere un evento discreto. (Abercrombie-Longhurst, Audience, p 73). La sociologia ha utilizzato la metafora del teatro e della performance per descrivere e analizzare la vita sociale, da Simmel all'approccio drammaturgico di E.Goffman.

Per Abercrombie e Longhurst, però, la 'società performativa' rappresenta un fenomeno tipicamente moderno, ascrivibile in particolare alla realtà novecentesca, dal momento che esso scaturisce dall'incrocio di due processi tipicamente moderni: da una parte, la spettacolarizzazione del mondo, dall'altra la costruzione 'narcisistica' dell'identità individuale: spettacolo e narcisismo si nutrono a vicenda in un circolo virtuoso, un circolo alimentato largamente dai mezzi di comunicazione e mediato dal ruolo critico della performance. Come nelle altre, più tradizionali esperienze di pubblico, la performance è centrale, ma, a differenza di esse, si tratta di una performance non confinata nello spazio di un evento, ma, trascinata negli spazi della vita quotidiana. Processi eminentemente moderni, dunque, perché caratteristici di un mondo progressivamente spettacolarizzato e mercificato, nel quale le culture diventano merci e le merci vengono estetizzate. Vi è così la trasformazione del mondo (oggetti, persone, situazioni) in qualcosa disponibile per essere guardato e consumato. D'altra parte vi è anche il progressivo emergere dell'identità come 'progetto di sé', condizione che ha portato alla costruzione della premessa logica del narcisimo. Le persone si ritrovano a presentare se stesse agli altri e nel fare così, immaginano come gli altri li vedranno. In altre parole si trovano a recitare per un pubblico immaginato. Il narcisismo perciò rappresenta il lato individuale e motivazionale dello spettacolo. Per trasformare il mondo sociale in spettacolo, le persone devono essere intese come oggetti dello spettacolo. Devono essere incitate, motivate a recitare. Spettacolo e narcisismo sono per la verità le due facce della stessa medaglia. Entrambi sono effettivamente le conseguenze della diffusione della performance al di fuori dei suoi confini originali. Molti degli eventi che occorrono nella vita quotidiana sono performances per le quali c'è un pubblico. Allo stesso tempo, sempre più le persone vedono loro stesse come performers che vengano guardati da altri; il narcisismo è la trasformazione di sé in spettacolo (pp,95-96). Per i due autori, infatti, il modello più tipico dell'audience diffusa, collocata in un'incessante e quotidiana serie d'occasioni di guardare ed essere guardata' è appunto il fan. Piuttosto che una degenerazione del consumo, il fan diventa il portatore dello stile di vita dominante. lo specchio della società, la voce comune. Non più figura deviante, marginale, ma attore sociale riconosciuto, il fan è, nel nuovo paradigma, la casalinga di Voghera e non più la sua eccentrica figlia adolescente. Il nuovo orizzonte concettuale (SPP) attribuisce alla dimensione del fandom una centralità del tutto nuova, un ruolo cruciale, in primis sul piano teorico. Quella che, infatti, è stata finora considerata una forma estrema o esagerata del gusto e della fruizione artistica- il fandom appunto- viene scelta come prototipo del nuovo pubblico, identikit dei nuovi soggetti del consumo e idealtipo delle modalità di fruizione di massa dei media. Siamo di fronte a una società che assegna significatività agli eventi nella misura in cui questi sono spettacolari, non è solo una società fatta da individui che condividono una stessa mentalità, un comune sentire, uno stesso modello della comunicazione interpersonale e pubblica. È una società i cui cittadini si sentono in primo luogo attori protagonisti e mal sopportano il ruolo di comparse: essi sono soggetti portatori di una vis drammatica e di una ritualità celebrate e acclamate dall'intera collettività. Una società di performer. Se l'uomo è un animale sapiente, un animale che costruisce strumenti, un'animale che si costruisce, un animale che usa simboli, egli è ugualmente un animale che rappresenta, un Homo Performans, nel senso che l'uomo è un animale che si rappresenta- le sue performance sono in qualche modo riflessive: rappresentando l'uomo si rivela a se stesso (Turner 1986, p.158). La messa in scena dei pubblici e il recupero della ritualità implica il modello comunicativo della performance – il quadro che chiamiamo "la società dello spettacolo" - richiama il tema della visibilità: ciò che viene rappresentato deve essere visto. Non esistono performance consumate in solitudine. La festa, ossia il luogo dove il rito rende di nuovo attuale ed efficace il mito, ha un intimo, profondo rapporto con la visione. Scrive Furio Jesi (1979, p. 91) che «Nell'esperienza festiva il non visibile è respinto oltre i bordi di esterni della collettività. Nella festa la collettività è esposta nuda alla vista come un blocco in cui centro e periferia si identificano».

Il fandom è diventata quasi una festa collettiva, passaggio fondamentale per gli individui che vogliono sancire un patto d'alleanza con altri fan. E sono proprio i media che allestiscono e mettono in scena una festa ininterrotta, un calendario perpetuo di cerimonie, ricorrenze e appuntamenti collettivi, il cui obiettivo è la globalizzazione della visione (virtuale). La visibilità, ma anche la virtualità, diventano così il prezzo che i soggetti sociali debbono pagare per non essere sospinti oltre il bordo della collettività come invisibili, come inesistenti. Il mostrarsi diviene l'estrema forma di autodifesa. Il protagonismo del performer appare come una strategia di resistenza e di sopravvivenza. I modelli imposti dalle stars entrano a far parte dell'immaginario collettivo dei giovani. Si imitano gesti, pose, parole, acconciature, da parte di giovani spettatori, come anche l'imitazione della pratica del "love making", dei baci, delle carezze e dei rapporti amorosi. I social si impadroniscono delle star/influencer per farne dei modelli educativi e di bellezza (Chiara Ferragni, Giulia de Lellis, Kim Kardaschian, Gianluca Vacchi) che confermano il loro status. I modelli di condotta che riguardano gesti, comportamenti, atteggiamenti, bellezza, si integrano in un grande modello globale, un modello di stile di vita fondato sulla seduzione, l'amore e il benessere. In questo senso "gli influencer", nella loro vita di svago, di gioco, di spettacolo, di amori, di lusso, e nella loro ricerca permanente della felicità, rappresentano i tipi ideali della cultura di massa della "bit generation". Essi sono anche i rappresentanti dell'informazione, sono presenti nei punti di contatto tra cultura digitale e pubblico: interviste, feste di beneficenza, esibizioni pubblicitarie, trasmissioni televisive e dirette social. Essi mettono in comunicazione i tre universi: quello dell'immaginario, quello dell'informazione e quello dei consigli, dell'esortazione e delle norme. L'efficacia dei modelli proposti viene proprio dal fatto che corrispondono ad aspirazioni e a bisogni che si sviluppano realmente. Non esiste più un pubblico televisivo o un utente medio, ma tanti pubblici e tanti spettatori con modalità diverse di ricezione e incorporazione dei media. [3]Secondo Baudrillard la realtà d'oggi è dettata dall'incredibile quantità di informazioni che scorrono nella nostra vita sociale provenienti da numerosi canali mediatici: real di instagram, account di tv, radio e riviste, dirette instagram, tutorial e real offerti dai social e creati dagli influencer o da chi cerca di diventarlo. Un eccesso di informazioni si riversano nella nostra coscienza e pone fine all'informazione stessa poiché sommersi dalla complessità, navighiamo e ci attacchiamo alla soluzione più semplice che ci viene offerta.

Alcune delle caratteristiche principali degli influencer sono:

- protagonismo
- esibizionismo
- narcisismo
- il web diventa il loro palcoscenico e i social la loro dimora

Secondo il sociologo Durkheim è la società che condiziona obiettivi e bisogni, fornisce mezzi di sussistenza e orienta le

---

[3] Ruth Wallacne, A.Wolf; La teoria sociologica contemporanea. Ed. il Mulino 1994

azioni individuali. La personalità dell'individuo quindi, si forma a partire dalla sua appartenenza ad un gruppo sociale e per questo è importante scegliere il proprio gruppo d'appartenenza e i modelli educativi da imitare.

Capitolo 2
Cultura digitale

2.1. Il linguaggio massmediologico nell'era della digitalizzazione: un'analisi sociologica

- Le innovazioni tecnologiche invadono ogni giorno il nostro immaginario collettivo, rendono la vita più comoda e per questo ci danno delle indicazioni sulla società odierna. Collegamenti ipertestuali e di video conferenza, media elettronici e sistemi sono parte attiva della società: dall'economia ai valori e alla conoscenza, in poche parole la cultura. La maggior parte delle azioni, di acquisizioni di notizie, di valori, di conoscenze e di modelli di comportamento da emulare, avvengono attraverso un pc o uno smartphone. Con lo sviluppo dei sistemi digitali si è riusciti a dar origine a dei media interattivi e quasi iper-individualizzati. Strumenti che personificano le caratteristiche dei singoli individui. La letteratura sociologica pone l'accento su due paradigmi fondamentali:
- Il determinismo sociale rintraccia nella nascita delle nuove tecnologie bisogni.
- Determinismo tecnologico sostiene che la causa delle trasformazioni della nostra società è dettata da esigenze di sviluppo tecnologico.

Gli strumenti comunicativi agiscono sullo spazio e sul tempo e modificano anche le società che verranno. Nella riflessione massmediatica è rilevante la riflessione sociologica di M.McLhuan che è una delle più importanti. La sua teoria viene inserita nella corrente del determinismo tecnologico. Lo studioso affermava che le innovazioni tecnologiche avevano un ruolo importante nella formazione e nell'orientamento dei comportamenti degli individui all'interno della società. Nella sua opera più famosa Galassia Gutenberg, il sociologo fa una ricostruzione della storia dell'umanità, mostrando come la tecnologia della comunicazione giochi un ruolo decisivo nell'organizzazione sociale e psicologica degli uomini. McLuhan ha descritto in modo specifico la nascita della cosiddetta stampante, concentrandosi sul rapporto tra l'invenzione di Gutenberg, la stampa a caratteri mobili e l'affermazione della civiltà dell'Europa occidentale dal 1500 al 1900. Proseguendo il nostro viaggio nel cosiddetto determinismo tecnologico, non possiamo fare a meno di menzionare Joshua Meyrowitz, il cui lavoro trascende il senso del luogo ed esprime chiaramente la sua comprensione del comportamento quotidiano degli individui nei media elettronici. Influenza la percezione. Il lavoro di Merowitz fa da tramite tra la teoria di McLuhan e la teoria dell'interazionismo simbolico di Goffman. Egli ritiene che le due teorie siano simili. (L. Bifulco, G. Vitiello, Sociologi della comunicazione. Un'antologia di studi sui media)[4]. Goffman adotta un approccio drammaturgico e nella sua opera "The Presentation of self" (la vita quotidiana come rappresentazione), l'autore paragona la vita sociale, con le sue quotidiane interazioni tra le persone, a un palcoscenico teatrale, in cui gli individui sono destinati a recitare delle parti e a interpretare ruoli diversi. Come in teatro dietro la ribalta c'è il retroscena, cioè gli spazi privati in cui le persone non recitano e spesso mettono in atto comportamenti in contraddizione con il loro ruolo pubblico. È come se tutta la vita sociale diventasse una rappresentazione che i gruppi sociali mettono in scena di fronte ad altri gruppi, interpretando alternativamente il ruolo di gruppo di performance e gruppo di audience: in questa dinamica, condizione necessaria è che il gruppo di audience non acceda alle situazioni di retroscena, in cui spesso è contraddetto il comportamento pubblico.

La teoria di McLuhan, invece, delinea in modo più approfondito il cambiamento nei rapporti di interazione quando cambia il come si interagisce. Lo studioso afferma che con l'utilizzo di artefatti tecnologici sempre più avanzati si modifichi

---

[4] L. Bifulco, G. Vitiello, Sociologi della comunicazione. Un'antologia di studi sui media, 2004. Ipermedium edizione.

anche la percezione del mondo esterno, a livello sensoriale. Meyrowitz sostiene che quando cambia una situazione cambia anche il ruolo dei soggetti. Ad esempio se mutano le parole di un giovane che racconta di un suo viaggio ad amici e professori, a seconda dei casi, cambierà anche il suo linguaggio nei confronti dell'amico o del professore, aggiungendo particolari o eliminandoli. I mezzi di comunicazione hanno permesso all'uomo di essere sempre presenti in un luogo e di comunicare. Il ricercatore ha evidenziato il cambiamento e gli effetti dei media sia dal punto di vista di Goffman che di McLhuan. Anche i ruoli sociali subiscono gli effetti dei mass media. Si possono così elencare tre categorie di ruoli sociali:

- Essere
- Divenire
- Autorità

Ad ogni ruolo corrispondono tre categorie

- Accesso alle informazioni sociali
- Luoghi fisici
- Ruoli dell'essere

(J. Meyrowitz: Oltre il senso del luogo[5]).

Il concetto di noi viene poi determinato dalla condivisione di comportamenti da scena e retroscena, ancora una volta, quindi, nel momento in cui i media elettronici permettono di rivelare tali comportamenti, determinano un cambiamento nell'identità del gruppo. Infine, se pensiamo a come le attività di un gruppo siano legate alla condivisione di uno spazio fisico, possiamo vedere come la diffusione dei media elettronici abbia determinato un cambiamento nel rapporto tra il luogo e la situazione sociale. I media elettronici (es. la televisione) rispetto a quelli tradizionali, (es. il libro) rendono informazioni e conoscenze accessibili a tutti. Altra fondamentale differenza sta nella tipologia di come vengono mandati i messaggi: il libro attraverso la modalità narrativa, mentre la televisione attraverso le immagini. In questo modo i new media influenzano il mondo che ci circonda e le emozioni che proviamo. Ci possiamo rendere conto di come i

---

[5] J. Meyrowitz: oltre il senso del luogo. L'impatto dei media elettronici sul comportamento sociale, 1995. Ed Baskerville

nuovi media e gli artefatti tecnologici influenzino in modo significativo il nostro io, intervenendo sul modo in cui sperimentiamo il mondo che ci circonda e le emozioni che proviamo. Quando le tecnologie di consumo entrano a far parte della nostra vita possono produrre una sorta di "ossessione feticistica" negli utenti, un fenomeno che McLhuan ha definito "La Narcosi di Narcisi". In effetti, noi vogliamo che i nostri utensili personali siano dotati di poteri molto superiori all'uso che ne possiamo fare. Anche se pochi prenderebbero in seria considerazione l'eventualità di partecipare a una gara automobilistica, tutti desiderano che la loro Toyota sia in grado di raggiungere il doppio della velocità consentita sulle autostrade. Il fotografo dilettante magari non si sogna neanche di portare i sacchetti della spesa dal negozio a casa, ma si caricherà volentieri tutto l'equipaggiamento anche durante una scalata in montagna, pur di non farsi vedere senza l'ultimo articolo della Minolta o della Nikon.(D.De Kerckhove 1996, 14-19) Fin dal momento in cui si avvicinano a un computer i nostri figli sviluppano una sorta di assuefazione alla velocità che li fa ululare e smaniare se i loro programmi preferiti impiegano più di un nano secondo a caricarsi. McLhuan ha visto in questo fenomeno un esempio puramente psicologico di identificazione narcisistica con i nostri giocattoli e ciò può essere vista come la prova che stiamo diventando dei cyborg, e che dal momento che ogni tecnologia estende una delle nostre facoltà e trascende i nostri limiti fisici, siamo spinti ad acquisire le migliori estensioni per il nostro corpo. Tutto è condizionato e modificato dalle tecnologie: l'ambiente, la mente e la nostra identità. La nostra realtà psicologica dipende in parte dal modo in cui l'ambiente e quindi anche le nostre estensioni tecnologiche ci condizionano. Con il termine "tecnopsicologia" si intende lo studio della condizione psicologica delle persone sotto l'effetto delle innovazioni tecnologiche.

Gli artefatti digitali possono estendere o amplificare il potere della nostra mente, ad esempio, mentre la televisione viene di solito percepita come un condotto a senso unico per il materiale audiovisivo, potrebbe essere utile per gli studiosi considerarla come un'estensione dei nostri occhi e delle nostre orecchie nei luoghi dove hanno origine le immagini. I media riescono in questo senso a modificare la coscienza, tanto da bucare il sistema nervoso umano, proiettando la nostra coscienza fuori dal nostro corpo e la vediamo "oggettivamente". Con la tv e i pc abbiamo spostato l'elaborazione delle informazioni dall'interno dei nostri cervelli a schermi che si trovano davanti, e non dietro, agli occhi. Le tecnologie video fanno riferimento non solo al nostro cervello, ma a tutto il nostro sistema nervoso e ai nostri sensi.

Tutte le tecnologie, dal telefono alla realtà virtuale, riescono ad estendere il nostro essere fisico oltre i limiti della nostra pelle e non c'è più distinzione fra corpo e mondo e cambiare identità potrebbe diventare il nuovo passatempo del domani. Questa possibilità di vedere immediatamente attraverso la materia, lo spazio e il tempo costituisce secondo De Kerckhove la caratteristica principale della cybercultura fra i giovani. Inoltre egli si è occupato di studiare l'impatto e l'influenza delle tecnologie sullo sviluppo della psiche e sulla costruzione dei modelli mentali che regolano la percezione e l'apprendimento. Così come la scrittura non costituisce solo una capacità manuale, ma rappresenta soprattutto la possibilità di classificare e ordinare il pensiero, allo stesso modo l'utilizzo delle nuove tecnologie della comunicazione ha un'immediata conseguenza sullo sviluppo cognitivo che modificano il nostro modo di percepire la realtà. Così diventa importante lo studio dell'interazione tra tecnologia e sistema nervoso e tra tecnologia e corpo. L'analisi dell'integrazione tra tecnologia e sistema nervoso è centrale per De Kerckhove e asserisce che ogni media trasforma la strategia neurale, predisponendola per l'apprendimento del messaggio.

È richiesto un tipo di apprendimento con specifiche capacità e un particolare tipo di esperienza: il medium è una funzione che regola le relazioni reciproche tra l'uomo e l'ambiente, è un prolungamento artificiale della nostra sensibilità naturale. I media quindi contribuiscono a formare la nostra esperienza. Di conseguenza, l'utente soltanto adeguandosi alla forma del medium che sta utilizzando comprende tutto il nostro corpo, modifichiamo le nostre abitudini. Così quando ci sediamo davanti alla tv organizziamo la mente e il corpo in maniera specifica. Quando si sente la radio, si entra in una dimensione diversa da quella della Tv o da quella del libro. [6]D'altronde è importante sia la lettura su carta che su schermo. È importante leggere. La cosa che ci sfugge è il modo in cui ciò avviene e gli effetti che si possono ottenere da questa pratica. Leggere su carta rafforza l'identità e la personalizza perché lascia il pensiero del lettore libero ad interpretazioni e dal controllo del linguaggio, senza suggerire nient'altro che il testo. Mentre leggere attraverso uno "schermo" (e-book ad esempio) fa diventare la pratica della lettura interattiva e fluida. La rete prende possessione della persona non solo tracciandola ma anche riorganizzando la sua mente, ormai soggetta al profitto delle imprese. La trasformazione digitale tocca la persona, quasi come se la svuotasse lasciando poco spazio al pensiero critico. Entrambe le pratiche sono fondamentali e richiedono specifiche abilità e competenze. La pratica della lettura però è più intima e bisogno continuare ad avere un rapporto con la propria interiorità per non annullarla del tutto. Le tecnologie sono in qualche modo un'estensione dei nostri sensi, ci fanno vedere, sentire e toccare di più. Cybercultura significa "vedere attraverso" la materia, lo spazio e il tempo. L'esito finale di questo processo è per l'autore la formazione di una "mente collettiva", che andrà oltre la capacità di ogni singolo individuo e della quale internet rappresenta solo la fase embrionale. In questo contesto si colloca la convinzione dell'autore che la realtà virtuale, con la tattilità simulata, stia per rivoluzionare il più trascurato dei nostri sensi, il tatto, trasformandolo in un'estensione cognitiva della nostra mente. Ciò che caratterizza il pensiero di De Kerckhove è l'originalità con cui attinge dai campi più diversi: neurologia, linguistica, economia, antropologia, sociologia, arte. In questo approccio interdisciplinare la riflessione si allarga seguendo le orme di Marshall McLhuan, alla riflessione sui problemi della politica della comunicazione. Il nostro pianeta, sostiene De Kerkhove, è sul punto di una svolta importante, determinata dalla repentina accelerazione tecnologica e sociale. Soltanto imparando a operare sulle tecnologie, senza subire l'azione, saremo in grado di evitarne effetti catastrofici. È ormai chiaro che i fenomeni

---

[6] Derrick De Kerchove, La pelle della cutlura, 2000. Ed. Costa e Noian

sociali vanno studiati "dall'interno", dal punto di vista di chi vi prende parte e cercando di comprendere il senso che gli individui attribuiscono alle loro pratiche di vita. Un approccio metodologico particolare è quello di Harold Garfinkel in "Studi di Etnometodologia" (1967). Il suo programma di ricerca, definito "etnometodologia", si propone di evidenziare il modo in cui i membri di una società attribuiscono significato ai fenomeni. In che modo si costruiscono certe convenzioni sociali? In che modo si crea consenso attorno a esse? Il compito della ricerca sociologica è rendere espliciti processi impliciti di costruzione di significati nella realtà sociale. Per fare questo, lo studioso, si è concentrato sull'analisi:

- dei processi di trasmissione e interiorizzazione delle regole da parte degli individui. Questo processo è alla base della fiducia che regola i rapporti di comunicazione ed è alla base della naturalizzazione della realtà sociale, cioè dal fatto che alcuni comportamenti ci sembrano naturali, necessari e giusti;
- delle pratiche della routine attraverso le quali gli individui mantengono e riconoscono l'ordine sociale.

Per studiare questi aspetti Garfinkel chiede ai propri studenti di "distruggere" intenzionalmente le aspettative degli individui rispetto alle regole delle interazioni quotidiane. Le interazioni faccia a faccia vengono sottoposte a un'osservazione di tipo antropologico e a una serie di esperimenti in cui i ricercatori violano le leggi inespresse dell'interazione, provocando attivamente situazioni concrete di violazione delle norme, per studiare sperimentalmente cosa avviene quando gli individui si trovano di fronte a imprevisti. Potremmo così dire che i giovani danno significato alle azioni che si svolgono in rete quasi come se stessero agendo in contesti no virtuali. I media tendono a soddisfare e gratificare gli individui che di solito hanno bisogno di evadere dalla propria routine.

2.2. La dialettica culturale nelle società di massa: gli *eventi* digitali

Dobbiamo porre l'accento anche su un'altra riflessione sociologica inerenti alle funzioni dei mass media e sui loro usi: la teoria critica. La teoria critica della società viene elaborata all'interno della scuola di Francoforte formatasi nel 1922 presso il celebre "Istituto per la ricerca sociale" e l'oggetto principale del pensiero fu quello di analizzare i rapporti tra potere, produzione culturale e controllo sociale. Fra gli esponenti ricordiamo: Max Horkheimer e Theodor Adorno che nel 1947 (con l'esplosione della società di massa) scrissero il saggio "Dialettica dell'illuminismo" ed introdussero per la prima volta il concetto di "industria culturale". Con il termine Illuminismo i due autori non si riferiscono soltanto al movimento filosofico dell'età dei lumi, ma a tutto quel complesso di atteggiamenti che dalla creazione dei primi utensili fino ad arrivare alla centrale atomica, ha perseguito l'idea di una razionalizzazione del mondo tesa a renderlo plasmabile e soggiogabile all'uomo. Nell'interpretazione dei due studiosi l'illuminismo si riferisce all'intera società occidentale, risulta segnato da una dialettica interna autodistruttiva. La pretesa dell'essere umano di accrescere sempre più il proprio potere sulla natura tende pian piano a ritorcersi contro. Il potere di controllo dell'uomo sulla natura, produce una spirale distruttiva che si manifesta attraverso un progressivo e dannoso dominio del sistema sociale sul singolo uomo, il quale si vede sempre più privato della sua libertà personale. Le conseguenze di questo processo di decadimento non sono però connesse solo alla perdita, più o meno consapevole, delle libertà individuali, ma si evidenziano soprattutto nella perdita di felicità da parte degli uomini che vivono nella società industriale. La perdita di felicità è il tratto dominante della nostra contemporaneità e rappresenta il campanello d'allarme più evidente di quel destino di distruzione che la società industriale continua a portare avanti da lungo tempo. Siamo molto più propensi ad attuare atteggiamenti rischiosi e a provare meno emozioni. I giovani d'oggi sono sempre alla ricerca della felicità e vivono sempre più relazioni "liquide". Ad esempio il contenuto della frase "ti amo" cambia se detta al telefono oppure se scritta in una lettera o se registrata in un video o in una nota audio su whastapp o inserita in un #tag sotto a un post instagram.

In modo analogo, anche se si usano le medesime frasi, la comunicazione varierà se siamo su Facebook oppure in un'interazione faccia a faccia. Su ciò ci ritorneremo più avanti. Quindi secondo gli autori la ragione non è più lo strumento di dominio della natura, ma si è trasformata in un organo di controllo e di asservimento degli esseri umani. Ed è proprio in questo contesto che i due studiosi introducono il concetto di "Industria culturale" e si riferiscono al complesso dei prodotti e delle strategie di distribuzione nati dalla colonizzazione economica della sfera culturale, cioè da quel fenomeno tipico della società industriale avanzata che finisce per assicurare la cultura a scopi che le sono estranei: controllo sociale, cercare consenso, promozione di stili e modelli di vita funzionali a una società consumistica. Uno degli aspetti che più caratterizzano l'odierna società tecnologica è il gigantesco apparato dei media (giornali, cinema, pubblicità, ecc.). Adorno e Horkheimer utilizzano la locuzione "industria culturale" per indicare come il consumatore all'interno della società industriale non sia per nulla il sovrano, ma l'oggetto da utilizzare per vendere le merci. L'industria culturale innesca i bisogni e determina i consumi degli individui resi passivi attraverso un annullamento della coscienza che permette una quasi manipolazione della società e quindi degli attori sociali. Ciò può essere evidente nel cosiddetto tempo libero che teoricamente dovrebbe essere il momento della libera creatività individuale e che, invece, è stato trasformato nel tempo del divertimento programmato in cui le coscienze devono soltanto distrarsi, divertirsi e alienarsi, in modo da riservare le proprie energie solo per lavorare. L'industria culturale serve a fissare il lavoratore esclusivamente sull'unità di produzione e sul mantenimento dei rapporti di forza che esistono. Per fare ciò l'industria culturale utilizza schemi modellati su misura per un uomo sempre più culturalmente povero, il quale può così riconoscersi nei vari prodotti senza dover compiere alcun lavoro intellettuale. In un momento storico così particolare i giovani vengono assorbiti del tutto dalle tecnologie, senza compire nessuno sforzo per arricchire la loro curiosità o innescare la voglia di ricercare notizie al di fuori della rete e consenso fuori dai social network. D'altronde se non si spiega alle nuove generazioni che applicazioni come tik tok o instagram, non sono strumenti per educare e che gli influencer non sono modelli educativi da imitare, loro seguiranno il mercato e cavalcheranno l'onda del web. Bisogna educare i giovani a pensare ed agire in maniera consapevole e costruttiva e solo in uno step successivo avvicinarli all'utilizzo di questa grande industria mediatica e social. Quindi con l'espressione industria culturale indichiamo il complesso dei soggetti e delle attività economiche che si occupano della produzione e della distribuzione di beni e servizi culturali. L'industria culturale copre dunque ambiti della vita sociale che appartengono alla nostra percezione abituale della realtà e con i quali veniamo a contatto: il mondo dell'editoria, le case discografiche, l'industria cinematografica, i mezzi di comunicazione di massa.

Un ridimensionamento della posizione fortemente pessimistica della scuola di Francoforte l'abbiamo avuto dal filosofo e sociologo francese Edgar Morin con il saggio del 1962 "L'espirit du temps" (lo spirito del tempo), comparso nella prima traduzione italiana con il titolo "L'Industria culturale". Secondo lo studioso la cultura di massa va compresa piuttosto che demonizzata e per questo motivo non deve essere analizzata con le chiavi di lettura della cultura "alta", tradizionale, ma letta dall'interno, come parte integrante della società in cui viviamo. Cultura, sostiene Morin, è un termine relativo; in ogni società coesistono più culture (cultura nazionale, cultura religiosa, cultura umanistica ecc..), ciascuna delle quali costituisce un corpus simboli, miti e norme che orientano la vita e il pensiero delle persone. Secondo Morin essa ha una prerogativa peculiare: è per sua natura cosmopolita e planetaria, e in questo senso si presenta come qualcosa di radicalmente nuovo rispetto a tutte le altre, ovvero come la prima cultura veramente universale nella storia dell'umanità. Il campo della cultura di massa si è ampliato, occupando spazi sempre più intimi della vita quotidiana, della coppia, della famiglia, della casa, delle vacanze. L'anima viene industrializzata, le società moderne sono policulturali "parole e immagini sciamano dalle talescriventi, dalle rotative, dalle pellicole, dai nastri magnetici, dalle antenne radio e televisive;

tutto ciò che si muove, naviga e vola, trasporta giornali e settimanali; non c'è molecola d'aria che non vibri di messaggi che una macchina o un gesto rendono immediatamente udibili e visibili." Tutto è in movimento e ogni cosa viene analizzata secondo un'ottica globale. L'osservatore deve partecipare a questo mondo globale per analizzarlo. Morin nel suo libro si è occupato di analizzare alcuni temi chiave della società di massa: la cultura del loisir; simpatia e happy end; i divi; l'eros quotidiano; la felicità; l'amore; la promozione dei valori femminili; la cultura planetaria. Amore, bellezza e giovinezza diventano un modello culturale: l'adulto giovanile a trenta, quaranta, cinquanta e sessant'anni diventa uno dei nuovi miti della post-modernità. La vecchiezza è svalutata e l'età adulta ringiovanisce. La giovinezza non è più propriamente la giovinezza, ma l'adolescenza. L'adolescenza sorge come generazione nella civiltà del XX secolo. L'adolescenza è infatti l'età della ricerca individuale dell'iniziazione, il passaggio tormentato tra un'infanzia che non è ancora finita e una maturità non ancora assunta, tra una per-socialità e una socializzazione. In questa fase la personalità sociale non è ancora ben definita in quanto i ruoli non sono ancora fissi o rigidi e l'adolescente è alla ricerca di se stesso e della condizione adulta, da cui una prima e fondamentale contraddizione tra la ricerca dell'autenticità e la ricerca dell'integrazione nella società. L'adolescenza attuale è profondamente demoralizzata dalla noia burocratizzata che trasuda dalla società adulta, e forse più ancora dall'inconsistenza e dall'ipocrisia dei valori istituiti e profondamente segnata da un sentimento di annientamento e di possibile suicidio dell'umanità. Per questo nella cultura di massa l'adolescenza guadagna uno stile estetico-ludico che si adatta a un'affermazione dei valori privati che corrisponde al suo individualismo e a quel bisogno di avventura che si nutre. Vi siete mai chiesti perché davanti ai prodotti della Apple ci sia una "I"? in inglese I significa "IO" ed è proprio questo il punto chiave. [7]Ipod, iphone, ipad, i prodotti con la i, fanno dall'oggetto una persona, una prima persona singolare, un io virtuale a disposizione di tutti un pronome personale a cristalli liquidi. Molto più che semplici strumenti del

---

[7] Mario Niola, Miti D'oggi. Ed Bompiani 2012

comunicare, questi oggetti sono delle estensioni del soggetto. Prolungamenti che agiscono sull'identità e sul modo di essere cittadino del mondo. La rete diventa un vero e proprio tessuto, un abito che non ci togliamo mai, neanche quando facciamo l'amore o quando cuciniamo. Potremmo dire che stiamo al centro del nostro iMondo. In quest'ottica è incalzante la teoria di Bourdieu sugli stili di vita e il concetto di habitus. L'habitus è un insieme di disposizioni interiorizzate in ambito sociale che orienta le percezioni, i sentimenti e le azioni di un individuo. Esso ha origine dall'influenza reciproca dell'individuo stesso, della cultura di gruppo e della cultura di gruppo e delle istituzioni sociali della famiglia e della scuola. La manifestazione di queste disposizioni rafforza l'habitus dell'individuo e del gruppo. L'habitus è riprodotto ed evolve nel tempo attraverso l'interazione dell'io di un individuo con le strutture sociali in cui si imbatte. I giovani che appartengono a un determinato gruppo sociale tendono a mostrare gli stessi valori culturali, le conoscenze, le propensioni e i modi di parlare, la scelta dell'abbigliamento e degli ornamenti per il loro corpo, le opinioni e ciò che fare anche nel tempo libero. Tutto diventa uno stile di vita e utilizzare e i membri di una particolare classe o di una fazione di classe che manifestano gli stessi gusti perché condividono le stesse disposizioni o habitus. Lo sviluppo dell'habitus non è dovuto all'individuo o all'ambiente in cui vivono, ma ha origine dall'interazione della mente soggettiva con le strutture e le istituzioni nelle quali è immersa. Gli individui nascono in un determinato gruppo sociale che prevede uno stile di vita specifico che Bordieu definisce appunto habitus del gruppo. Ogni gruppo sociale ha pertanto un proprio habitus di gruppo che lo definisce e lo distingue dagli altri gruppi all'interno della società. L'habitus di un gruppo incide profondamente anche sulle scelte individuali e sulla gestualità: i nativi digitali sono un esempio di tutto ciò. Possedere determinati dispositivi tecnologici ed essere presenti sui social, sono condizioni indispensabili per appartenere a quel gruppo sociale e per farsi riconoscere membri di quel contesto digitalizzato. L'habitus conferisce anche un senso del proprio posto perché il loro io interiorizzato corrisponde alla struttura del mondo esterno. Il sociologo sostiene inoltre, che l'habitus di un individuo è composto da diverse tipologie e quantità di capitale (economico, sociale e culturale) che ridefinisce come un insieme delle risorse e dei poteri che realmente si possono utilizzare e di cui una persona dispone.

- Il capitale economico fa riferimento alle risorse monetarie e alle proprietà
- Il capitale culturale corrisponde alla capacità di un individuo di prendere parte alla cultura: scelta di libri, film, smartphone, opere teatrali, come comportarsi in determinate situazioni, cosa indossare e come indossarlo. Anche esprime un'opinione su un qualsiasi argomento, come un'opera d'arte o su questioni sociali o politiche, forniscono informazioni sul proprio capitale culturale e di capire a quale classe sociale si appartiene.
- Capitale sociale corrisponde alle risorse umane (colleghi, amici, conoscenti, fidanzati ecc) acquisite grazie alle reti sociali.

Quest'ultimo capitale è alla base del successo dei siti di social network (es. facebook, instagram) che sono considerati dagli attori sociali, in particolare i giovani, mezzi per accrescere il proprio capitale sociale e acquisire uno status da divo. La classe è anche influenzata dal capitale scolastico (le conoscenze intellettuali), il capitale linguistico (la proprietà di linguaggio che stabilisce chi ha la facoltà di parlare ed essere ascoltato) e il capitale politico.

3

2.3. Network society: variabili e dinamiche dei sistemi interconnessi

Probabilmente l'effetto sociale più evidente del progresso tecnologico è l'aumento delle comunicazioni. Dal telefono a internet. Il mondo è diventato sempre più interconnesso e i confini nazionali si dissolvono sotto l'azione delle reti sociali. La tecnologia dell'informazione ha velocizzato anche le transazioni commerciali e ha messo in comunicazione individui e comunità un tempo isolati. Negli ultimi cinquant'anni la scienza ha fatto passi da gigante, accompagnata dallo sviluppo rapido di internet e del digitale. Manuel Castells è stato uno dei primi a indentificare le conseguenze sociali della società in rete. Secondo il sociologo spagnolo, la cui opera abbraccia gli studi sulla comunicazione e sull'informazione mostrando un forte legame con il pensiero marxiano, questi progressi hanno determinato degli sviluppi economici sociali e politici che hanno coinvolto la scena mondiale. La riflessione di Castells si incentra sugli effetti economici e sociali. secondo Marx, il capitalismo industriale era basato sulla produzione di beni di base e di consumo. Secondo Castells l'ascesa delle tecnologie internet è il sintomo dell'orientamento del capitalismo verso l'informazione e la conoscenza: le società umane, afferma, si sono lasciate alle spalle l'età industriale e sono entrate in quella dell'informazione, la cui traduzione in termini socio-strutturali è costituita dalla "Network Society", la società in rete. L'idea di un mondo sempre connesso grazie a internet, evoca immagini di individui che da ogni angolo del pianeta instaurano l'uno con l'altro dei rapporti di diverso genere all'interno di reti in continua evoluzione, senza i limiti imposti dalla geografia o dalla nazionalità, ma solo dalla capacità umana di immaginazione. Oggi è possibile accedere a informazioni ventiquattro ore su ventiquattro grazie a motori di ricerca come Google e partecipare a chat room conversando in tempo reale con parenti e amici e conoscenti che possono trovarsi a migliaia di chilometri di distanza.

Il sociologo definisce una rete dandogli le seguenti caratteristiche:

- non esiste un centro

- è composta da una serie di nodi che hanno un'importanza diversa
- tutti i nodi sono necessari alla sua operatività
- il livello di potere sociale è determinato dalla quantità di informazioni che è in grado di elaborare (una rete gestisce solo un particolare tipo di informazioni, quelle che risultano più pertinenti)
- una rete è una struttura aperta, capace di espandersi senza nessuna limitazione.
- È un ordine sociale organizzato all'interno e attorno alle reti
- È dinamico, innovativo e orientato ai rapidi sviluppi sociali in corso.

*"Le reti sono diventate la forma organizzativa predominante
di ogni ambito dell'attività umana"*
"Manuel Castells"

Castells analizza anche le dinamiche sociali all'interno della network society e asserisce che i rapporti in rete hanno gradualmente modificato la struttura della società. Gli individui che lavorano in società e istituti finanziari multinazionali e le attività professionali sono legate alle reti dei flussi finanziari globali, costituiscono il gruppo sociale dominante definito "l'elitè tecnocratico-finanziario marginale". Questo gruppo occupa le posizioni di comando e di controllo all'interno del sistema mondiale e la spazialità di questo gruppo elitario è la citta globale, poiché è in grado di produrre le sue pratiche e i suoi interessi cosmopoliti. Al contrario, la vita delle masse tende a essere locale più che globale, organizzata e concentrata in luoghi dove gli individui coesistono e i rapporti sociali sono caratterizzati da modalità di vita condivise. Dunque, afferma Castells, la maggior parte delle persone si costruisce identità significative e vive in ambienti geografici concreti e specifici, "lo spazio dei luoghi". Con la diffusione dei social media questa visione di un élite globale e cosmopolita che usa lo spazio si è rilevata un po' superficiale. Il sociologo sostiene che oggi le persone desiderano fare cose di qualsiasi tipo e possono occupare lo spazio dei flussi e usarlo per i propri fini. La quantità di informazioni che circolano nel mondo moderno è tale che non siamo in grado di assorbirle tutte e comprendere cosa sta realmente accadendo. I media ci sottopongono una visione semplificata degli eventi, decidendo cosa "rendere reale": la replicazione di determinate immagini ci porta ad accettarle come realtà. Gli elementi e gli eventi del mondo fisico non sono più accessibili perché la complessità è stata perduta. Viviamo in un mondo dove c'è sempre più informazione e sempre meno significato. Con il progresso delle tecnologie è diventato evidente che il riferimento a un oggetto reale è diminuito.

Ad esempio secondo Baudrillard, la realtà è oggi dettata dall'incredibile quantità di informazioni che scorrono nella nostra vita e provengono da molteplici canali mediatici. Ad esempio nel mondo Disney si sono ricreati paesi come la Cina, modelli che per i clienti sono molto più attraenti del mondo esterno. Ovviamente la globalizzazione ha innescato anche dei rischi e a tal proposito Ulrich Beck in "La società del rischio" 1986, afferma che dobbiamo sviluppare nuove strategie per gestire i rischi di questa continua connessione creati dall'uomo. Le società tecnologicamente di oggi creano rischi che hanno delle conseguenze sconosciute o quasi impossibili da quantificare. Secondo Beck, ci troviamo di fronte a rischi talmente ignoti che le tre possibili reazioni sono il rifiuto, l'apatia o la trasformazione. La network society è il frutto dell'accessibilità della tecnologia delle telecomunicazioni e dell'unificazione globale che ha cambiato il nostro modo di vivere, pensare e agire. Individui che magari non si incontreranno mai sono ora in grado di comunicare in tempo reale per commerciare beni o scambiarsi informazioni e idee. La società basata sul network è una comunità di interessi globale e interconnessa, nella quale l'accesso alla rete, lo "spazio dei flussi", non è più un privilegio del gruppo sociale dominante. Ciò significa che quasi chiunque può usufruire, da qualsiasi luogo, della tecnologia basata sulle telecomunicazioni per qualsiasi scopo creativo. Rapportarsi con gli altri significa entrare in un complesso mondo di parole, gesti e messaggi non verbali che consentono a ciascun interlocutore di entrare in possesso di innumerevoli informazioni. La capacità di comunicare correttamente queste informazioni, di comprenderle e di gestire costituisce lo strumento per relazionarsi correttamente con gli altri. Tale obiettivo, d'altra parte, può essere raggiunto solo a condizione di avere una buona conoscenza di sé che consente di attenuare le possibili interferenze nella comunicazione. La percezione di sé è un percorso che costruiamo giorno per giorno soprattutto con aiuti dell'esterno, ma anche dall'interno. Non esistono vie brevi per un percorso di crescita personale e di conoscenza di sé. Ognuno di noi nella propria vita instaura molteplici relazioni con gli altri le relazioni iniziano con persone molto vicine come i genitori, si prosegue poi con gli amici, fino a giungere alle relazioni legate al mondo del lavoro e alle conoscenze superficiali. Aristotele diceva che l'uomo è un animale sociale, il che significa che gli individui tendono per natura alla socialità. sviluppando la riflessione di McLuhan:

Nel lungo periodo il contenuto di un medium ha molta meno importanza del medium stesso nell'influenzare il modo in cui li pensiamo e agiamo.
In quanto finestra sul mondo, e su noi stessi, un medium popolare plasma ciò che vediamo e come lo vediamo, e col tempo, se lo usiamo a sufficienza, cambia ciò che siamo, come individui e come società

Come diceva Marshall McLuhan i linguaggi elettronici hanno fatto del mondo intero l'estensione della nostra pelle. Nei media collegati alla Rete, si scatenano numerosi eventi cognitivi ed emotivi che passano da persona a persona, motivando alla condivisione di esperienza e all'azione politica. Questo studioso è stato in grado di studiare il ruolo dei media come organizzatori dell'esperienza quotidiana. L'interpretazione dello studioso canadese prende le mosse da alcune specificità tecnologiche della televisione, in particolare la bassa definizione dell'immagine elettronica, cioè il fatto che essa è assai meno dettagliata e precisa rispetto a quella della fotografia e del cinema. A partire da questa considerazione l'autore distingue tra media caldi e freddi:

- un medium freddo: è quel tipo di modello di comunicazione a bassa definizione che, per sua natura, invita l'ascoltatore a introdursi dentro l'informazione per completarla in modo da poterla metabolizzare come propria;

- medium caldo: è il mezzo che satura i nostri sensi e che quindi accettiamo come altro da noi, per esempio il cinema e la fotografia.

La bassa definizione fa della televisione un medium che richiede non tanto partecipazione emotiva quanto partecipazione corporea e mentale, al fine di "chiudere" un messaggio altrimenti incompiuto. Le teorie sulla comunicazione di McLhuan si basano sulla convinzione che i media elettronici, in particolare la televisione, abbiano sull'individuo un impatto di portata maggiore rispetto a quello prodotto dal contenuto dei messaggi che trasmettiamo. Da qui deriva la celebra affermazione che il "medium è il messaggio": le nostre strutture conoscitive vengono modificate non soltanto dai contenuti appresi ma anche dalle tecniche con le quali l'informazione è tratta. Le tecniche di comunicazione non sono neutrali, ma "formano" e modificano l'esperienza e la socialità dei nativi digitali. Secondo McLhuan e alcuni suoi seguaci, le conseguenze dell'avvento dei media elettrici e successivamente elettronici, sono incalcolabili, perché non conosceremo soltanto la maggiore rapidità ed efficienza delle comunicazioni, ma investono anche la qualità dei rapporti sociali, arrivando a trasformare totalmente l'uomo e avviando così quella che può essere definita come una vera e propria "rivoluzione antropologica". Tutti sappiamo che grazie ai notiziari televisivi e a internet, l'uomo contemporaneo può conoscere in tempo reale ciò che avviene in ogni angolo del pianeta: pensiamo alle drammatiche immagini, diffuse in tutto il mondo, che ci hanno mostrato l'attacco terroristico delle Torri Gemelle, nel settembre del 2001, o alla drammatica scena dei carri militari che trasportavano i cadaveri delle vittime dal covid-19 nel 2020. Tutto questo rende l'uomo di oggi profondamente diverso dal contadino medioevale o dall'operaio cittadino di due secoli fa, i quali, generalmente analfabeti, conducevano un'esistenza ripetitiva, scandita dal ritmo degli impegni quotidiani o stagionali, e raramente scossa da notizie provenienti da luoghi lontani. Tutta la riflessione di M. McLhuan è rivolta alla ricerca della possibilità che l'uomo ha di usare le tecnologie, realisticamente, accettandone la profonda trasformazione, ma nello stesso tempo cercando di dominarle. Conoscere il mondo in cui viviamo diventa quindi necessario: osservare il mutamento, capire le ragioni e segnarne la criticità. La sociologia possiede gli strumenti adatti a svolgere questo specifico compito. In un'ottica più moderna ad occuparsi di ciò è stato il sociologo Zygmunt Bauman, scomparso nel 2017, considerato uno dei massimi esponenti della materia anche per il suo approccio rivoluzionario. Bauman sostiene che ciò che ha avuto inizio con l'industrializzazione ha ormai raggiunto uno stadio maturo grazie alla crescente sofisticazione tecnologica. Proprio la natura fluida del progresso tecnologico porta Bauman a definire questo stadio "modernità liquida", una fase di costante cambiamento. Egli sviluppa il concetto di modernità liquida (uno stato in continuo cambiamento sociale) frutto dei progressi della mobilità globale e delle comunicazioni. La scelta del sociologo del termine "liquido" è una metafora della vita odierna che si presenta come mobile, rapida, mutevole, sprovvista di un centro di gravità e difficile da contenere e da prevedere. Il passaggio dalla modernità solida a quella liquida è secondo Bauman il risultato della confluenza di profondi mutamenti economici, politici e sociali, tra loro interconnessi, che ha dato origine a un ordine globale alimentato da ciò che Bauman definisce "reinvenzione del mondo compulsiva e ossessiva che genera dipendenza". Quando la società supera la prima fase della modernità è chiamata "modernità solida" e Bauman la descrive come unidirezionale e progressiva. Per quanto riguarda l'individuo la modernità solida dava origine a un repertorio stabile di identità personali e possibili versioni di sé. Gli individui possedevano una concezione unitaria, nazionale e salda dell'identità personale, che si basava su una serie di categorie solide come la professione, l'appartenenza religiosa, la nazionalità, il genere, l'etnicità, le attività di svago, lo stile di vita e così via. Oggi siamo giunti all'erosione dei fondamenti dell'identità e ciò ha generato identità frammentarie di consumatori. Un gran numero di individui attraversa il mondo, aumentano l'incertezza e la competizione, mentre la sicurezza del lavoro si indebolisce. La società globale diventa fluida, molto mutevole e incerta. Siamo entrati nel mondo della modernità liquida. La costruzione dell'identità personale avviene attraverso il consumo, dove i giovani sono i preferiti tra gli stakeholder, poiché nella modernità liquida le tradizionali sorgenti di identità, come la professione e i legami famigliari, si sono ormai svuotate ed esaurite. L'importanza centrale del consumo nella costruzione della propria identità individuale va oltre la semplice acquisizione dei beni. Chi siamo è diventata una questione problematica e l'interminabile ciclo di autoanalisi e introspezione che ne è la conseguenza, non fa altro che confondere l'individuo.

"nella moderna vita liquida non esistono legami permanenti, e quelli che stringiamo devono essere allenati per poter essere sciolti... quando cambiano le circostanze.
Il consumo di beni e marchi è un aspetto fondamentale della costruzione dell'identità personale e della socializzazione da parte degli individui
se il valore è definito dalle cose che si acquisiscono...
l'esclusione è umiliante"
Zygmunt Bauman

La comunità diventa sinonimo del paradiso perduto e l'uomo vive sia in una "communitas" che in una "societas". [8]Esse si presentano come due aspetti paralleli dell'esistenza umana. La communitas si basa sui rapporti interpersonali, sul contatto diretto, sulla vicinanza fisica e morale; il secondo, invece, consiste nelle relazioni a distanza, che si instaurano tra l'individuo e il suo ambiente e una sorta di quadro di riferimento. Identità e conoscenza sono mediati dagli artefatti tecnologici e le conseguenze delle tecnologie digitali sull'identità è una di quelle questioni che ancora oggi non sono state snodate. L'identità assomiglia un pò all'aurora boreale dove il se è l'aurora boreale e noi siamo li immobili ad aspettare l'inconscio esteriorizzato.

---

[8] Zigmunt Bauman, Communitas, uguali e diversi nella società liquida. Ed.Aliberti, 2013.

Capitolo 3
La fragilità dei legami affettivi nell'era digitale

3.1. Società in rete: «social networking» Tra vita reale e virtuale

Per comprendere l'universo digitale e il ruolo nel cambiamento imposto dalle nuove tecnologie nella nostra vita bisogna partire dal senso sociale di questa trasformazione. Le tecnologie non saranno di certo l'ultima moda della società postmoderna, ma sono piuttosto lo specchio della complessità dell'uomo d'oggi. Per comprendere al meglio tutto ciò si deve partire dalle dinamiche della nostra società e da tutti quegli aspetti che la caratterizzano e che hanno destato l'attenzione di molti studiosi. Il tema della molteplicità dei ruoli che si possono interpretare e delle mille identità che si possono avere, è uno degli argomenti più discussi del mondo tecnologico. Il soggetto, in particolare i giovani, si sentono spesso soli e così hanno bisogno di auto-identificarsi per essere realmente soggetti pensanti. C'è bisogno di riconoscimento da parte degli altri. Come detto in precedenza la tradizione sociologica che fa riferimento a Goffman è un bel punto di partenza per giungere a quella di Bauman. Gli individui recitano molteplici ruoli su differenti palcoscenici e così le loro identità sono soggette a instabilità. Ma cosa significa ciò? Secondo il sociologo Morin l'io significa mi pongo al centro del mondo. Io, è un atto, che ci autoafferma in maniera individuale. Dire sé, mettere il sé al centro del mondo significa anche egocentrismo e una parte della vita umana è egocentrica per necessità, ma diventa egoista per puro piacere. Gli esseri umani hanno bisogno degli altri, della comunità, di un noi che si sviluppa a partire dalla famiglia e che si estende nella città, nella patria, in un gruppo (come ad esempio partiti o gruppi religiosi o in una community social). Potremmo dire che il palcoscenico è l'attuale on line e il retroscena è l'offline: vita reale e vita virtuale, con due modi differenti di messa in scena. I media in questo caso, forniscono l'interazione e l'esperienza diventa mediata e ciò fornisce agli attori sociali il materiale simbolico che utilizza per esprimersi e mettere in scena la propria esperienza. I social media diventano dei potenti strumenti di mediazione e di interazione per i nativi digitali. Possiamo sperimentare eventi remoti, interagire con altri lontani, spostarci temporaneamente in microcosmi mediati e a seconda dei propri interessi e priorità, lasciarci coinvolgere in misura più o meno profonda. (Thomson, 1995, 322). La consapevolezza che la principale forma di organizzazione sociale sia strutturata intorno a network invece che a comunità era già evidente da alcuni decenni. Ciò comporta anche spostare l'attenzione su come si gestiscono le relazioni sociali del singolo individuo che viene privato di quell'orizzonte di appartenenza collettive sottointeso nel concetto di comunità. Si diventa desiderosi di voglia di comunità perché nonostante la fitta rete di relazioni, ci si sente comunque soli e nostalgici. La parola comunità ha un suono dolcissimo, evoca tutto ciò di cui sentiamo il bisogno e che ci manca per sentirci fiduciosi e sicuri di noi. La comunità incarna il tipo di mondo che purtroppo non possiamo avere, ma nel quale desideriamo tanto vivere e speriamo di poter un giorno riconquistare. Paradiso perduto o paradiso anelato: in un modo o nell'altro, di certo non si tratta del mondo che abitiamo né di quello che conosciamo per esperienza diretta. (Bauman 2001, 5). Potremmo così dire che la comunità oggi giorno è diventata il social network: instagram, tik-tok, facebook, pinterest, whastapp, telegram, sono delle comunità e per riacquisire quel senso di inadeguatezza e di mondo platonico, ci siamo catapultati nel multitasking ed è qui che vorremmo ricostruire il nostro universo perduto. Le nuove tecnologie hanno costruito un muro di vetro che ci immobilizzano nella partecipazione e nel dialogo. Vita e quotidiano sono interconnesse e il connettersi, guardare tv in streaming, (netflix - disney plus) fare dirette, ha donato nuove categorie che si contrappongono alle classiche della vita offline: giovane-vecchio, alta-bassa cultura. Il tradizionale modello di comunicazione è superato e il pubblico della rete diventa protagonista perché partecipa a prescindere dalla posizione geografica, attingendo alla geografia del pensiero (Bauman, 2014, 11). Il sociologo Bauman parte dalla convinzione che le tecnologie digitali non sono le responsabili del nostro disagio ma sono lo specchio che riflette la nostra condizione esistenziale moderna. I pericoli di alcuni comportamenti che possono avvenire nella vita online e in quella offline sono la conseguenza di stili di vita moderni: il vivere attuale, anche nel mondo reale, procura e elimina dalle nostre vere vite ogni speranza spiacevole, dura o inappropriata. Nelle società contemporanee i legami tra gli individui si sono liquefatti perché tendono a dissiparsi, a disgregarsi e a diventare sempre più effimeri. Le relazioni diventano liquide e ciò crea nell'individuo un senso di solitudine che sfocia nell'egoismo e nell'egocentrismo. Lo studioso ha sostenuto che passiamo una gran parte del nostro tempo davanti ad un muro di vetro e che la nostra vita si divide ormai tra i due mondi, ma anche che la tecnologia non è un male in sé ma è soltanto un mezzo. Sono l'uso che ne facciamo e la nostra incomprensione a snaturarne le potenzialità. I social media, ad esempio, sono la via di fuga dai problemi del nostro mondo offline. Raffigurano una dimensione in cui spesso ci rifuggiamo per non affrontare le difficoltà della nostra vita reale. Un pericolo che non fa altro che potenziare la fragilità dei rapporti umani. La rete è una sorta di confort zone: internet ci fa vivere senza rischi, consentendo di relazionarci solo con le persone che la pensano come noi e che condividono il nostro punto di vista. Se ci sono delle difficoltà basta un click per cancellare tutto. L'altro fenomeno di grande importanza riguarda l'avvento della società confessionale, ovvero la perdita dell'individualità (es. siamo tutti in un grande fratello). Nella società moderna o liquida non proviamo più gioia a provare segreti. (Bauman, 2014, 13-14,16). L'era digitale ha portato la creazione di reti ma non di comunità. Per Bauman la comunità è qualcosa che rafforza l'individuo, la sua autostima e la fiducia in se stesso. Da un lato il web ci mette in contatto con tutti ma dall'altro ci rende sempre più deboli e aumenta un senso di solitudine e di infelicità. Occupiamo contemporaneamente due mondi differenti con regole, norme e status differenti e comportamenti non uguali. Il mondo reale e virtuale interagiscono e viviamo sempre connessi. Facebook, instagram e ora anche tik tok, mantengono la promessa fatta alla modernità:

rendono facile la vita, eliminano ogni sforzo, lavoro ed evitano le sfide, le incertezze e le insicurezze. Oggi conoscere nuovi amici è diventato facilissimo. Allo stesso modo possiamo rompere le amicizie con una facilità disarmante. La noia, il semplice sospetto che una data persona non soddisfi le nostre attese, il discorso o il minimo segno di conflitto ci portano a cancellare un nome dalla nostra rete o togliere il "segui" invece che cercare di rimediare e si rinsaldare il rapporto. Addirittura non c'è più nemmeno il bisogno di scusarsi. Nella vita reale tutto diventa molto più complicato, dobbiamo lavorarci su, pensare alle scuse, litigare e spesso mentiamo. Nei social network non c'è questo rischio e anche se litighiamo ci sentiamo invincibili. Questo diventa un danno collaterale provocato dai social. Una volta ceduto alla lusinghiera facilità delle amicizie o dei follower in stile internet (diventa uno stile di vita avere molto followers), perdiamo la capacità di tornare con i piedi per terra e a comportarci come un essere umano in situazioni normali e ordinarie. (Bauman,2016, 46). Avere molti amici e follower diventa una moda, le persone sono dei gadget, oggetti di ornamento che rendono la nostra opera d'arte molto più bella da un punto di vista estetico. Potremmo dire che la vita in rete che mostriamo sui profili social diventa come un bene di lusso indice di prestigio sociale. La dinamica di possedere molti follower diventa una sorta di consumo vistoso come se acquisissimo dei beni di cui non possiamo fare a meno. Ad esempio un individuo che possiede uno yacht per puro intrattenimento di amici o clienti è essenziale per il consumo vistoso. Acquisire beni, come un Iphone di ultima generazione o un Mac diventa un bene ricercato ed è un mezzo di rispettabilità, come direbbe Veblen, "per il gentiluomo agiato". E il set di tutto ciò è diventata la rete: i profili social sono il medium per mostrare l'agio vistoso e far diventare oggetti e persone sempre più desiderabili. Tutto ciò assume un valore sociale e gli individui, in particolare i giovani, tendono ad emulare, sia in maniera inconsapevole che consapevole, le pratiche di consumo dei membri di un ceto sociale più elevato fino a diventare un vero e proprio status symbol di quest'era. Sulla scia di questa concezione il sociologo Peterson ha sviluppato il concetto di "onnivoro culturale", per definire un gruppo sociale emergente, il cui prestigio deriva dal consumo di una mescolanza di beni di fascia alta e bassa. Il prestigio sociale, secondo Peterson, dipende dal consumo sagace e ironico di articoli appositamente non di lusso, come capi d'abbigliamento modesti, borse targate Shein ad esempio, oggetti che possono essere alla portata di tutti ed esposti nella vita virtuale (online). Tutto ciò genera stima ed invidia nei confronti dei loro simili. Tutto ciò crea però una nuova modalità di felicità ma allo stesso tempo si crea una nuova categoria di infelicità perché si inizia ad avere anche una visione distorta della realtà. La vita offline emula quella online provocando uno stato di perenne insoddisfazione che sfocia nel malcontento sociale. Vogliamo tutto e subito e siamo alla continua ricerca di una soddisfazione istantanea. E quando ci capita che la rete è lenta siamo già inondati da un sentimento di frustrazione e rabbia. Ciò implica: in questo contesto che:

- Non siamo più capaci di aspettare e ogni secondo di attesa ci sembra un attimo buttato via.
- Vogliamo effetti istantanei.
- Perdiamo la capacità di archiviare informazioni nella nostra mente. Le informazioni sono sempre disponibili e non dobbiamo più sfogliare centinai di libri.
- Manca l'intimità con noi stessi e con gli altri.
- L'uomo diventa "homo ludens", uomo giocatore: possiamo perdere il gioco, possiamo giocare la nostra vita, così come siamo in grado di compiere molteplici gesti a titolo gratuito[9].

Potremmo dire che nella vita virtuale:

- perdiamo la capacità di comportarci come un essere umano in situazioni reali;
- creiamo una nuova modalità di felicità, senza capire che la felicità è nascosta nella gioia di risolvere i problemi.
- Siamo liberi dai conflitti generati dal mondo offline e ci risparmiamo di incontrare qualcuno diverso da noi. Ciò ci condurrà a non essere più in grado di convivere con la differenza.

---

[9] E. Morin, Etica e identità Umana. Ed, Egea 2015

- [10]Gli hastang #happy-#likeforlike, #love, #followme, #home, #sifelice, #firendship ecc.. diventano nuovi miti e rappresentano la comunità del click e dei like.

In questo contesto si fa sempre più avanti la voglia di comunità[11], il desiderio di sentirsi parte di un gruppo, di un tutto, che porta a comunicare e a ricercare relazioni sociali (anche solo in rete). La comunità viene perciò vista come luogo rassicurante. Gli attori sociali vivono sia in una communitas che in una societas, che si presentano come due aspetti paralleli dell'esistenza umana. La communitas si basa sui rapporti interpersonali, sul contatto diretto e sulla vicinanza fisica e morale, il secondo, invece, consiste nelle relazioni a distanza che si instaurano tra l'individuo e il suo ambiente e una sorta di quadro di riferimento. (Bauman, 2013, 28). Vi è una differenza tra comunità e rete:

- La comunità ci è imposta, è qualcosa a cui apparteniamo e che non abbiamo potuto scegliere. Ad esempio non scegliamo di nascere in provincia di Napoli o nella "grande mela", ma è qualcosa che precede la tua esistenza. La comunità è esigente e impone a tutti i suoi membri una serie di condizioni, di regole e di norme da seguire (es. come comportarsi). Essa ci osserva e se ci allontaniamo dal suo sentiero, se non obbediamo, veniamo puniti o addirittura banditi da essa. Coloro che non vengono puniti vengono visti come una sorta di traditori, persone fuori dalla norma, deviati. Questa è la comunità. Ci si deve adeguare ai canoni prestabiliti. Pero c'è un lato positivo che non verrà mai a mancare, ed è quello della sicurezza. La comunità ci sarà sempre e ci farà sentire sempre sicuri perché non è qualcosa di fluido, di liquido, ma è

---

[10] L'atto del taggare è la pratica che consiste nell'associare delle etichette di testo (tag) al contenuto del video o della foto, rendendone possibile la classificazione, l'archiviazione e la ricerca da parte del potere interno dei social media. È una pratica tipica di tutti i social media (blog, network, document sharing, pohosharing) Bennato,2008°.

[11] Z.Bauman, Voglia di cominità 2001, Laterza.

qualcosa di permanente che esiste a prescindere dall'individuo. L'essere umano è solo colui che la abita e che la fa esistere. Potremmo dire che l'attore sociale ha bisogno della comunità e la comunità ha bisogno di esso, in un constante rapporto di co-dipendenza reciproca. Ciò che viene a mancare, invece, è la libertà. Siamo sempre controllati, osservati, monitorati e puniti se andiamo fuori dal seminato, perciò la nostra capacità di scelta è limitata. (Bauman, 2012, 33).

- La rete è quella cosa di cui crediamo di essere noi l'artefice e di cui abbiamo il controllo. Questa è la differenza essenziale. Siamo noi il centro attorno al quale si struttura la rete. Ci sentiamo liberi e se qualcosa non ci piace possiamo cambiare social o eliminarci. Siamo liberi di farlo, diversamente da quello che accade all'interno della comunità.

I nuovi mezzi di comunicazione azzerano le distanze e lo spazio non è più un ostacolo. Il network ha assunto le sembianze della comunità. La comunità è sempre presente, i singoli individui possono dire poco a proposito di chi può farne parte perché è la comunità che decide per sé. Nella rete siamo liberi e ciò che viene a mancare è la sicurezza che, invece, ci offre la comunità. Di conseguenza i veri amici sono le persone su cui possiamo contare ogni volta che ne abbiamo bisogno. Ma cosa succede nell'online? Gli amici conosciuti online sono fugaci, sfuggevoli, e molto probabilmente molti di loro non li conosciamo e né li conosceremmo mai, non abbiamo idea di chi siano realmente e cosa facciano, e la cosa peggiore è che a loro non interessa la nostra vita. Tutto diventa immaginario come una sorta di velo di Maya. Bramiamo una sfilza di followers e di like nella convinzione che tutto ciò sia reale e che sia ciò che ci rende felici. Tutto questo ci aiuta a vivere nella nostra epoca, in un periodo storico in cui abbiamo paura di essere esclusi. L'esclusione è una delle principali paure del nostro tempo, è il terrore di essere esclusi da qualsiasi tipo di dimensione. Ad esempio essere esclusi dalla nostra posizione nella società come essere licenziati o denigrati e così senza ragione, ci troviamo senza più il nostro ruolo nel mondo. Un'altra dimensione è quella dei rapporti interpersonali che diventano una sorta di illusione e possono andare in frantumi all'improvviso. La rete incarna una finzione della realtà, dell'antica comunità che ci dona sicurezza a scapito della libertà. Più sicurezza e meno libertà. Ma giovani, adulti anziani, qualsiasi sia la loro categoria sociale, hanno bisogno di essere sia liberi che sicuri. Libertà e sicurezza sono due valori fondamentali senza i quali non si potrebbe avere un'esistenza felice e duratura. La libertà senza la sicurezza sarebbe il caos completo, mentre la sicurezza senza libertà sarebbe schiavitù. (Bauman, 2012, 35). Bisognerebbe trovare la giusta dimensione. Oggi giorno i giovani non ricevono una serie di regole ben definite a cui devono fare riferimento. Le regole non sono per nulla chiare e vengono date da diverse autorità. Prima, invece, la scuola e i genitori erano dei punti fermi per le nuove generazioni. I nativi digitali erano educati nelle loro abitazioni. Ora, la formazione e l'educazione non è più solo ad appannaggio dei genitori e delle scuole, ma sono in lista tra le tante autorità che se lo contendono. I giovani sono bombardati ogni volta che aprono Facebook, da pubblicità attraenti e che spesso utilizzano un linguaggio molto intrigante, a differenza dei genitori. I social sono degli ottimi comunicatori sociali per i nativi. Per questo i ragazzi sono molto attratti dai social e gli danno importanza. La sera vanno ai baretti con gli amici, con i colleghi ed osservano l'uno il comportamento dell'altro perché si deve essere conforme a certi canoni: bisogna vestirsi in un certo modo, non ci si può distinguere dal gruppo. Poi vi è la scuola in cui tutti i compagni devono avere l'ultimo Iphone, l'ultimo modello di scarpe da ginnastica ed avere un account ben definito, sui social più in voga. Non rispettare queste regole sociali porta al rischio di essere banditi, puniti, di diventare oggetto di bullismo ecc. La comunità, inoltre si basava sulla solidarietà e spingeva i suoi membri a seguire un ideale di uniformità. Per fortuna non si è mai raggiunta la piena conformità, ma questo era l'obiettivo: un solo schema imposto attraverso il meccanismo della solidarietà. Siamo tutti sulla stessa barca, ci prendiamo cura gli uni degli altri, io mi prendo cura degli altri così come gli altri si prendono cura di me. Viviamo tutti in una società frammentata, ma i frammenti al suo intento non sono divisi e definiti, ma piuttosto sono fluidi ed effimeri. I frammenti si modificano all'interno della società. Per questo motivo è naturale che le persone non sappiano quale sia il modo corretto di procedere provino ora questa, ora quella strada. Sperimentando. [12]Il mondo della rete, come l'essere, è un sistema complesso. Potremmo dire che la tecnologia diventa il nuovo mito perché viene considerata in grado di risolvere i problemi umani. Secondo Morin il faro che dovrebbe guidare anche l'uso delle nuove tecnologie è l'etica. Internet ci apre a una molteplicità di possibilità e permette a tutti di accedere a una conoscenza senza confini, in ogni luogo e in tempo reale. Questa "magia", come tutte le altre, ha un lato oscuro. Vi è un surplus di informazioni e di conoscenze ed è quasi impossibile ingerire ed assimilare questa mole di dati. Basti pensare alla home di instagram, piena di tutorial e di video su attività che gli utenti svolgono e che noi, inconsapevolmente, tendiamo di emulare ed imitare. Altro danno collaterale che bisogna sottolineare è la perdita della capacità di pensare a lungo termine. Abbiamo meno pazienza, anche se la pazienza è la virtù dei forti, non abbiamo più la capacità di saper attendere. Oggi giorno vogliamo tutto e subito e siamo così alla continua ricerca di qualcosa che ci soddisfi immediatamente. Ad esempio quando la connessione internet è lenta diventiamo rabbiosi e frustrata. Non sappiamo più attendere e ogni istante che passa ci sembra sprecato. Il mondo che ci circonda sta diventando sempre più come una collana di perline: basta aggiungere o togliere le perline per allungare o accorciare la collana ed è subito pronta per essere indossata. Come dice Bauman un altro danno collaterale degno di nota è la perdita della capacità di archiviare informazioni e conoscenza nella nostra mente. Siamo sempre meno capaci di assorbire la conoscenza e conservarla nella nostra memoria e la ragione risiede nel fatto che le informazioni sono molto più disponibili rispetto a prima. Non abbiamo più bisogno di sfogliare i mille libri o andare in biblioteca. Le ricerche le possiamo fare comodamente sul divano di casa o mentre siamo al mare. Non abbiamo più bisogno di caricare il nostro cervello di tante informazioni perché sono sempre presenti in qualche server o su iCloud. La mente lavora, ricicla dati e informazioni anche quando il nostro cervello è in standby. Ma quando passiamo dalla mente ad un server, il nostro organo più importante non possiede

------

[12] Zygmunt Bauman, Communitas, uguali e diversi nella società liquida. Ed.Alberti 2013

più materiale da elaborare e ciò è dannoso. Tutto ciò comporta degli effetti negativi sulla creatività e sul pensiero convergente Non siamo più in grado di pensare a soluzioni alternative e a trovare seconde vie per risolvere problemi, facendo ricorso alle informazioni che il nostro pensiero ha immagazzinato. In conclusione possiamo asserire che la vita on line genera dei benefici e dei vantaggi e come sempre, bisogna anche prendere in esame i danni provocati e le abilità che ci fa perdere. Importante, diventa quindi, il dialogo che deve continuare ad essere: aperto, collaborativo e informale, qualsiasi sia il suo palcoscenico (online o offline). È molto complesso spiegare la differenza tra amicizia reale e genuina e l'illusione creata da Instagram e Facebook, Il vero problema, in questo mondo, è che l'abitudine di farsi degli amici contandoli, moltiplicando il loro numero, genera una mancanza di competenze sociali che servono a creare i propri rapporti con gli altri esseri umani nella vita reale.

3.2. «Bit love»: emozioni e percezioni attraverso la rete

Per capire le mutazioni in atto, ritengo importante soffermarsi anche sui sentimenti. L'amore e l'amicizia sono oggetti pronti all'uso, ma per durare devono essere il prodotto di un impegno continuo, costante e quotidiano. Tutte caratteristiche che mancano nell'era liquida e del digitale. La risposta si trova nella nostra crescente sensazione di fragilità e instabilità dei legami umani, ovvero la paura di essere rifiutati, esclusi e abbandonati, di trovarci in una situazione in cui nessuno vuole più niente da noi, circondati dall'oblio più totale e profondo, soli, abbandona, disperati e desiderosi di affetto e lontani dal mondo. (Bauman, 2014, 36). Il sociologo Giddens parla di "relazioni pure" e l'unica ragione per la quale le persone stanno insieme e si dicono ti amo reciprocamente è la soddisfazione che traggono dal partner. Nel momento in cui tutto ciò svanisce e capiamo che al mondo possa esistere un'altra persona in grado di soddisfarci di più, non c'è motivo che ci impedisca di lasciare ciò che abbiamo. Siamo liberi di sostituire l'attuale compagno o compagna con un nuovo partner. Ma il problema delle relazioni pure è che per creare una relazione, condividere la propria vita e stare con una persona, c'è naturalmente bisogno di un accordo. Per terminare un rapporto basta che una delle due parti decida. Ne consegue che entrambe i partner vivono nel timore di essere lasciati e che uno dei due ne abbia abbastanza e per noi o per altro decida di voler cambiare. Ovviamente i giovani sono più vulnerabili e soggetti a questo tipo di comportamento e la società in rete con la sua liquidità è lo specchio che le rappresenta. La sensazione di fragilità e di angoscia e di instabilità nelle relazioni umane è al tempo stesso lo sfondo e la base di questa paura di essere abbandonati e lasciati a sè stessi. Il piacere e il malcontento sono legati da un doppio filo e il non provare più piacere sfocia nella noia. L'emozione, la felicità, il divertimento e in particolar modo la nostra sensazione di avere un ruolo nel mondo derivano dalla nostra capacità di affrontare e superare problemi. Accettare un compito impegnativo è più appagante rispetto a limitarsi ad attività semplici che non richiedono nessun sforzo. Ma la nostra vita diventa priva di infelicità ed effimera di piacere. Secondo Morin il faro che dovrebbe guidare anche l'uso delle nuove tecnologie è l'etica. Ma cos'è questa sua idea di etica? Il bisogno di ritornare alla responsabilità e alla solidarietà sociale. Da qui deriva l'importanza del dono e della gratuità e il ruolo potente attribuito all'amore. (E,Morin 2015,21). L'amore è follia perché può offuscare, rendere ciechi e lucidi gli esseri umani e allo stesso tempo può sfociare in possesso e in gelosia. L'amore dovrebbe centrarsi sul dono e non sull'appropriazione. Ciò consentirebbe di mantenere il logos nella passione. In un mondo in cui i giovani sono sopraffatti dall'angoscia del futuro e dalla morte e in cui molti pensano che non esista nulla dopo di essa e non vi sarà una ricompensa, non vi sarà il paradiso, in un momento del genere, l'unica cosa che ci potrà dare una risposta alla paura è l'amore. Le relazioni umane si basano su un assunto fondamentale: la comprensione. Comprendere un individuo è essenziale e se attribuiamo il peggio alle persone ci dimentichiamo del lato compassionevole e in questo modo lo etichettiamo con un solo lato del suo io, della sua personalità. D'altronde il nuovo modus operandi è quello di possedere una varietà di sentimenti e di rivestire una varietà di ruoli. Per questo si genera la comprensione: perché si attua un processo di simpatia e di identificazione che permette di vedere la complessità degli aspetti di una persona, non considerando solo gli aspetti positivi, ma inserendo anche quelli negativi. Gioca un ruolo importante anche la riservatezza e il confine tra sfera privata e pubblica è messo a rischio. A proposito della segretezza George Simmel, il più arguto e lungimirante dei fondatori della sociologia, affermò che per assicurarsi delle realistiche probabilità di sopravvivere intatta, essa deve essere riconosciuta dagli altri.[13] E' necessario rispettare la regola secondo cui ciò che è intenzionalmente o in maniera involontaria tenuto nascosto deve essere anche rispettato. Il rapporto tra privacy e la possibilità di auto-determinarsi e auto-

---

[13] G. Simmel, la moda, in id., La moda e altri saggi di cultura filosofica, a cura di M.Monaldi, Longanesi, Milano 1985, pp.29-52 (ed,or,1885 e 1904)

affermarsi tende a diventare instabile e teso. E il fatto di voler tener nascosto qualcosa richiede uno sforzo superiore quando si scontra con la voglia intenzionale di volerlo rilevare. Dall'osservazione di Simmel possiamo dedurre che se la volontà di difendere con tutte le nostre forze questioni private dai classici impiccioni e dagli intriganti che non rispettano i segreti degli altri, la privacy viene meno ed è a rischio. Nell'era dei social qualsiasi azione viene condivisa con gli altri e la segretezza definisce i confini della privacy, che dovrebbe essere un ambito personale in cui solo noi abbiamo accesso e predominiamo. L'amore diventa bit perché entriamo in un vortice di incontrollabile euforia, in cui vogliamo rendere noto ogni aspetto della nostra vita più nascosta attraverso la rete. Custodire i segreti ed essere riservati non ci provoca più nessuna gioia, mentre pubblicare video, in cui giuriamo amore eterno al nostro amato o semplicemente ci baciamo interpretando quasi un amore da cinema, ci appaga enormemente. Forse solo i segreti che ci lusingano generano una sorta di soddisfazione per il nostro ego. La segretezza era anche una sorta di strumento per creare un senso di comunanza, per stringere e proteggere i legami tra esseri umani. Condividere i propri segreti, le proprie emozioni solo con alcuni dei nostri amici consente di tessere e di fortificare legami e di nominare chi sarà il nostro migliore amico. Tutto ciò sta sfumando in quanto tendiamo a raccontarci anche a degli estranei e gli permettiamo di giudicarci e di sparare sentenze sulla nostra vita più intima. Nasce una sorta di scontro tra appartenenza e autonomia. Scegliere tra interessi privati e il benessere degli altri, tra altruismo ed egoismo, tra amore di sé e cura per gli altri che smettono di tormentarci e di alimentare i rimorsi della coscienza che sono dolorosi. Pensiamo che un like sotto a una foto, un audio vocale, un messaggio, possano sostituire i veri legami e le vere emozioni. Se tutti vedono quanto ci amiamo e ci vogliamo bene vuol dire che allora il nostro legame è reale? la spettacolarizzazione dei legami affettivi si riduce a ciò. Ed è estremamente contro producente e dannoso per la psiche umane. L'uomo ha bisogno di sentirsi amato, il cervello ricerca il contatto fisico a prescindere da quanti click possa ricevere un post. Come ha osservato anche Thomas Szasz nel suo "The Second Sin" (1973), il sesso è stato da sempre un'attività molto privata e riservata. È proprio in questa procedura riservata che giace il suo potere di creare forti legami tra le persone. Privando il sesso della sua capacità di essere tutto ciò, lo potremmo privare della sua potenza e della sua capacità di tenere unite le persone. Per gran parte del tempo la vita sessuale era sinonimo di riservatezza e intimità, un qualcosa da condividere con discrezione e solo con persone scelte con la massima cura e attenzione. In sostanza, era considerata esempio di legami forti tra gli individui. Quelle unioni che sono difficili da distruggere, da annientare e quindi affidabili. La messa in discussione dei legami fra gli esseri umani genera la crisi della privacy. Bauman applica la metafora della liquidità a molti aspetti della nostra vita (vita liquida, paura liquida, amore liquido ecc) dalle istituzioni, alle relazioni sociali, fino ad arrivare ai rapporti d'amore. Nelle società liquide prevale la perdita della stabilità lavorativa, le relazioni d'amore durano fin che durano, secondo il modello usa e getta e di relazioni tascabili, cresce l'indifferenza verso ogni aspetto e l'incapacità di risolvere i problemi e di trovare risposte ai malesseri sociali. L'amore deve essere flessibile, veloce e mobile, pronto ad essere colto senza nessuno sforzo come se fosse un oggetto in esposizione nelle vetrine di un centro commerciale. Donarsi all'amato è invece, un atto di grande amore e di fiducia che non a tutti è consentito. Amore significa desiderio di proteggere, di riparare, di accarezzare, coccolare e accudire, di restare in silenzio perché la vicinanza senza emettere una sola sillaba è anch'essa una forma d'amore. Amore significa essere al servizio dell'altro ma, allo stesso tempo essere responsabili del nostro io e di quello di un'altra persona. Il desidero, invece, è tutt'un'altra storia. Si desidera quando si vuole solo consumare e possedere, soddisfare un bisogno sia fisico che morale. Il desidero è autodistruttivo, l'amore è autoperpetuante (Bauman, 2006,15). I giovani vivono sotto il continuo incubo di dover piacere sempre, un obiettivo quasi impossibile e platonico e che li conduce ad eliminare qualsiasi forma di noia e di infelicità. Si cambia spesso partener o si sceglie qualcuno che sia "socialmente" accettabile dal nostro gruppo d'appartenenza. Scelta, spesso, errata e totalmente inadeguata alla nostra persona. Il nostro inconscio sa ciò che vogliamo e ciò di cui abbiamo bisogno e non ascoltarlo ci procurerà, a lungo andare, angoscia e malessere. Quante volte ci siamo sentiti inadeguati o intrappolati in relazioni che non volevamo realmente? Credo che a tutti sia capitato almeno una volta nella vita. E quante volte abbiamo raccolto informazioni sulla persona amata attraverso i suoi profili? Scommetto che vi starete facendo una risata con la mano che nasconde le labbra. La felicità è solo un momento, il momento in cui superiamo qualche particolare dell'infelicità e quando arriva il momento bisogna saperla cogliere. Cerchiamo la felicità, l'amore, attraverso i social ed avere l'approvazione del mondo virtuale non fa parte di quei sentimenti coscienti, reali, ma è piuttosto un altro falso idolo. Relazionarsi e intraprendere una relazione amorosa con una persona che inconsciamente non amiamo, ci permette di colmare quel senso di inadeguatezza e di inferiorità che proviamo se invece avessimo il coraggio di seguire il nostro cuore. Amare rende maledettamente insicuri e pieni di incertezze sulla nostra persona, quel non sentirci mai all'altezza e vivere sempre con la paura che possa trovare qualcuno migliore di noi. Questo ci porta a fare scelte dettate da quanti like riceviamo e da quanta approvazione avviene dalla nostra cerchia di amici. Il vero amore non è una ricetta di felicità continua, è pieno di imboscate e costa molti litigi, il sorgere di conflitti, di antagonismi che sono in ogni caso parte del fascino, del bisogno di rendere l'amore possente. Abbiamo bisogno di una reale compagnia umana. È molto difficile spiegare la differenza. Essere felici non è solo una questione di quanti baci riusciamo a scambiarci, perché questa è la parte più semplice, ma sta anche nel litigare con gli altri, nelle discussioni e nel provare a comprendere il punto di vista degli altri. Siamo dinanzi a un nuovo modello di uomo, di individuo: un uomo che è alla sfrenata ricerca della realizzazione di sé e che lo fa attraverso l'amore, il benessere e la vita privata sul grande schermo digitale. Donne e uomini non vogliono invecchiare perché si vuole rimanere giovani per amarsi per tutta la vita e godere del presente e ai giovani è concesso di sbagliare, di cambiare continuamente partner per fare esperienze e di vivere le passioni senza sembrare troppo banali o infantili. Nasce così anche una nuova arte che è quella dell'estetica, della bellezza e della giovinezza. Quest'arte è la fonte di giovinezza che riesce a trasformarci in divi, in star dell'universo mediatico. In quest'ottica, secondo E.Morin, l'adulto è giovane a trenta, quaranta, cinquanta e sessant'anni, e lungi da noi pensare alla morte. L'adolescenza è quella fase della ricerca individuale dell'iniziazione, il passaggio tormentato tra un'infanzia che non è ancora finita e una maturità non ancora assunta, tra studio, stage e una socializzazione (lavoro, diritti civili). (Morin, 2002,189). Nell'adolescenza, la personalità sociale non è ancora cristallizzata: i ruoli non sono ancora irrigiditi in maschere sui volti, il ragazzino è alla ricerca di se stesso e della condizione adulta, da cui una prima e fondamentale contraddizione tra la ricerca dell'autenticità e la ricerca dell'integrazione nella società. A ciò si aggiunge anche la ricerca della vera vita. In questa ricerca tutto è amplificato: scetticismo e fervori. Il bisogno di verità è imperativo e i valori di sincerità superano quelli di fedeltà. I primi passi nell'universo degli adulti generano delle contraddizioni. Da un lato vi è la voglia di affermare il proprio sé (guadagnare denaro, fare l'amore) e dall'altra la paura e l'insoddisfazione di entrare nel mondo degli adulti (sposarsi, avere un impego, salire gradino per gradino) che terminerà nella pensione e nella morte. Sono i valori di contestazione che diventano solidi e assumono una struttura cristallina nell'adolescenza: disgusto, rifiuto dei tabù, dei rapporti ipocriti e convenzionali, fino ad arrivare al rifiuto del mondo. Da qui l'irrigidimento di comportamenti dettati dalle regole dei social e della vita sregolata dall'uso dei media digitali. I giovani sono ingabbiati dalla noia che trasuda nella vita adulta e dall'ipocrisia dei valori istituiti. Gli adolescenti si trovano catapultati in una società di massa che vive seguendo uno stile estetico-ludico che si adatta all'individualismo e a quell'avventura immaginaria che nutre il loro bisogno di avventura. Le norme, le regole e i valori che incarnano il prototipo ideale da seguire sono: la ribellione, la stanchezza, la frenesia e il fascino del rischio. Tutte caratteristiche che ritroviamo anche nelle relazioni interpersonali. Viene quindi, a mancare il dialogo e le due categorie fondamentali: parola e scrittura. Due strumenti della sfera linguistica di cui una persona non dovrebbe mai fare a meno. Per risolvere situazioni si deve partire dal dialogo e dall'intelligenza emotiva e no ridurre tutto alla pratica dei social media. L'adolescente è lo slancio vitale della cultura di massa e allo stesso tempo contenitore di cultura che nutre e diluisce. Sul piano esistenziale i modelli dominati non sono più quelli della famiglia o della scuola, ma quelli del cinema e dei social media.

Tutto viene reso giovanile e vi è una svalutazione della vecchiezza per promuovere i valori giovani e assumere una parte delle esperienze adolescenziali. "Siate belli, innamorati e giovani" è il motto della società attuale[14]. Sociologicamente si contribuisce al ringiovanimento della società, mentre antropologicamente, si verifica la legge del continuo ritardo dell'esistenza, scaturendo nell'adulto infanzia e giovinezza, come se fossimo sempre Peter Pan, ma con la differenza che non vogliamo privarci dell'amore, della felicità e dell'individualismo. Di conseguenza i sentimenti di angoscia e di colpa aumentano sempre più, in una società dove l'individuo è atomizzato e non più regolato dalle norme degli antenati (E.Morin, 1965, 156). Si tende a giustificare il desiderio e il piacere individuale facendo ammenda al diritto di essere felice se si lascia il compagno o la compagna per un altro uomo o un'altra donna. Si agisce in nome della felicità e ciò assolve l'uomo da ogni male che sta per infliggere. Ed è perché, anche nelle pubblicità e negli spot, si evita che il senso della colpa distrugga poco a poco il desiderio o il piacere. Il fatto è che si vuol far credere che se agiamo in un certo modo lo faccio in virtù di una morale e no del desiderio. Nella cultura di massa, il tema dell'amore si è trasfigurato in bit love ed è diventato quasi un'ossessione. Delitti passionali, sesso virtuale, app di incontri, la vita sentimentale con le sue dichiarazioni, pervadono la stampa quotidiana e le prime pagine, ma con una differenza sostanziale: la nuova corte dell'amore è la rete. La coppia passa dal cinema (che era il portatore dell'insieme dei valori affettivi) al web: genitori e figli sono esteriorizzati dall'orizzonte cinematografico e proiettati nella rete. Si vedono sempre di più profili instagram e tik-tok dedicati all'intera famiglia, dove genitori e figli condividono la loro vita quotidiana e raccontano la storia della loro vita. Ne consegue che l'amore è il fulcro dell'esistenza umana, è quell'avventura che giustifica e da senso alla vita. È quell'incontro del proprio destino in quanto amare significa essere veramente se stessi, comunicare davvero con l'altro. Esso è un amore totale, narrato come mito di questa umanità. Prima era il cinema a modellare e definire i comportamenti, ora sono le star del web che definiscono le

---

[14] Edgar Morin. Lo spirito del tempo, 2002, pp 190-193

categorie dell'amore, attraverso la seduzione e la ricerca dell'avventura e dell'amore. Quando gli adolescenti fanno la corte, si sbaciucchiano è tutto un'imitazione sul comportamento amoroso dei loro idoli (che siano i protagonisti di un film, di un reality o dei social). Le influenze, del resto, si riversano anche ad altri livelli. Da una parte abbiamo l'industria della bellezza e della seduzione che secondo il sociologo Edgar Morin, si sviluppa sull'onda dello star-system, dall'altra, gli eroi del web, da cui preleviamo i loro gesti, il modo di camminare, di pensare e il loro abbigliamento. Infine, sul piano psicologico, si impone l'idea del bisogno dell'avventura amorosa. Ed è in quest'ottica che tra film e vita e tra immaginario e reale il bisogno d'amore aumenta secondo quei canoni che ci vengono inculcati dai media. Con il lock-down e la chiusura delle sale cinematografiche, l'attenzione si è spostata maggiormente sui social media derubandoli del loro ruolo secolare. Anche i matrimoni sono diventati in formato bit: scorrendo la home dei social più noti si evidenzia una propensione a postare video di dichiarazioni, di proposte di matrimonio e di ballo padre figlia, tutto sulla scia di video già postati dalle star del web e con l'utilizzo di smartphone. Anche la stampa sentimentale viene spostata sui blog che si basano sull'immaginario realistico (consigli di bellezza, di igiene, di moda ecc..) e soprattutto sulla praxis femminile. I consigli pratici, la cura della casa, dei bambini, consigli, e la posta sentimentale, sono tutti riversarti sui blog specifici. Ci troviamo di fronte all'estetica dei social. D'altro canto anche i fatti di cronaca mettono in luce la sfrenatezza dell'amore, in particolare il delitto passionale. Ma osserviamo anche che non tutti i diritti sono riconosciuti all'amore. Se una donna innamorata uccide il proprio bambino per poter seguire l'amante, diviene subito infame. In sostanza si può discolpare l'amore dileggiato, ma l'amore che offende rimane sempre colpevole. Ciò conferma che la cultura di massa privilegia l'amore sintetico (spirituale e cornale), nucleare e totale ma non l'amore folle. (Edgar Morin, 2002,169). L'immaginario social coincide con la stessa concezione dell'amore nucleare, mentre vengono messi in periferia gli amori troppo irreali, le passioni folli e i fatti di cronaca. In ogni caso, i recenti sviluppi, mettono in discussione il tema dell'amore unico. I capricci, le rotture, i divorzi, hanno distrutto il classico happy end amoroso del cinema.

Il grande palcoscenico liquido e bit della rete è diventato specchio di questo aumento di instabilità della realtà e dell'amore. I divi fanno rientrare il mito dell'amore nella realtà del tempo e del nostro tempo. L'amore rinasce sempre e la sua ricerca non avrà fine.

Tale ricerca, da un lato alla Don Giovanni e dall'altro da Tristano, mette in luce il mondo complesso e profondo dell'individualismo moderno di voler comunicare con l'altro, con il suo simile e di essere riconosciuto e di riconoscersi, di prendersi e di riaffermarsi nello sguardo del suo alter ego amoroso e di ritrovare quei valori affettivi della famiglia, della coppia vivendo in una avventura. Ed è per questo che l'amore è senza dubbio l'aspetto più aspro della cultura di massa.

3.3. Convergenze culturali, ibridazioni mediatiche e interconnessioni: il modello «Harry Potter»

Il grande Edgar Morin pone l'attenzione sulla frammentazione dei saperi disciplinari che non consentono la formazione di un pensiero complesso. Il logoramento delle percezioni del globale ha portato al logoramento del senso di responsabilità e di solidarietà. L'apprendimento dovrebbe nascere da domande centrali, assumere oggetti complessi e cercare modelli interdisciplinari di spiegazione dei fenomeni. Come non pensare allo sviluppo della rete nella nostra epoca e alla sua complessità, alla frammentarietà delle informazioni e alla sua straordinaria potenzialità di diffusione del sapere. Internet è ormai parte integrante di tutte le sfere del sapere e della vita sociale, rispetta l'individuo nella sua complessità più totale. Stiamo assistendo a una forte accelerazione, tutta la comunicazione è condivisa, come la conoscenza, l'uomo vive sempre più nel virtuale ed ecco che internet è quel medium che incarna tutto ciò. Il grande degrado sociale e l'angoscia del futuro incerto, ci si getta nella disperazione euforica di proteggere i nostri cari, visto che lo stato non riesce ad adempiere in maniera eccelsa a questo compito. Harry Potter ha salvato la vita di milioni di ragazzi, li ha ri-portati sulla retta vita. Harry ha insegnato i valori di un'etica ormai sopraffatta dal consumismo, dai beni di lusso e dalla mancanza di amore per il sapere. Harry Potter non è solo un genere letterario, un romanzo fantasy dove sono presenti formule magiche ed essere soprannaturali, è una guida per quell'isola che ci immaginavamo da bambini. Un mondo dove prevalgono i valori cristiani: amore, amicizia, il bene sconfiggerà il male e la forza di provare bontà verso il prossimo. In un universo simbolico in cui predominano i reality show (es. Grande fratello) erogandosi il diritto di educare, di trasmettere valori e di rappresentare con presunzione la vita reale, l'opera della Rowling è stata e sarà quel faro che continuerà ad illuminare la strada di tutti gli esseri umani. È un'opera di un grande spessore morale. Oggi giorno gli autori concepiscono la narrazione in termini di creazione e di apertura alla partecipazione. Allo stesso modo gli utenti usano le nuove tecnologie per accedere ai contenuti dei vecchi media, vedendo internet come strumento di problem solving collettivo, il dibattito pubblico e la creatività grassrooots. (H.Jekins,179, 2007). L'interazione è alla base della convergenza ed è ciò che guida il panorama dei media. I libri di Harry Potter sono un esempio di letteratura mediale in quanto sono grande espressione di partecipazione. Chi partecipa alla cultura convergente deve possedere: interattività e condivisione. Il romanzo della Rowling ha generato da una parte la lotta di insegnanti, bibliotecari, editori e gruppi per la libertà alla circolazione delle sue opere contro i tentativi religiosi di togliere i libri dalle biblioteche scolastiche e vietarne la vendita nelle librerie. Dall'altra vi sono stati i tentativi della Warner Bors, di tenere sotto controllo la fantasia da parte dei fan dei libri di Harry Potter in quanto ciò violava i diritti della proprietà intellettuale. Entrambi i tentativi erano una minaccia al diritto dei bambini di partecipare al mondo immaginario di Harry, l'uno conteneva il loro diritto a leggere e l'altro quello a scrivere. Alla fine la casa cinematografica adottò una politica più collaborativa per legarsi ai fan di Harry Potter, simile a quella che Lucas adottò con i fan di Star Wars. Il romanzo di Hp donava ai giovani lettori la libertà di parola, di esprimere i propri pensieri, sentimenti, idee e dona piacere di un libro magico. Invece, all'interno della cristianità, ci sono stati gruppi che hanno accolto con entusiasmo la potenza della cultura partecipativa e altri che ne sono stati terrorizzati. Tutto ciò lo potremmo definire la guerra dei Potter su un fronte predefinito: lotta per i diritti di lettura e di scrittura per un tentativo di alfabetismo. In questo contesto, alfabetismo, si riferisce a ciò che possiamo fare con i media. Così come non concepiamo alfabeta qualcuno che sappia leggere ma non scrivere, allo stesso tempo non possiamo accettare che qualcuno sia medialfabeta (avere la possibilità di consumare ma non di espressione). Harry Potter è l'emblema della cultura pop moderna, perché i libri trattano in maniera chiara temi dell'educazione e anche perché è stato molto apprezzato dalla critica e ha incentivato i giovani a sviluppare le proprie capacità di alfabetizzazione. Con Harry si è riscoperto il piacere della lettura, pratica assai ridotta con le nuove tendenze digitali. In questi romanzi troviamo molti riferimenti pedagogici e sociali: la comunità dei fan del maghetto, l'interesse verso il libro da parte di bambini, adolescenti ed adulti, nelle classi scolastiche e nelle biblioteche fino a giungere al come diventare consapevoli e responsabili sulla propria proprietà intellettuale; alle ansie sulla secolarizzazione dell'istruzione espresse dai conservatori cattolici; alla concezione di una diversa pedagogia basata sulla condivisione e sulla cooperazione. Harry Poter fa da canalizzatore fra cultura partecipativa, cultura mediatica ed educazione. Heather Laever, oggi 36 anni, all'età di 14 anni lanciò il The Daily Prophet[15], un giornalino scolastico online della immaginaria scuola di Hogwarts con la collaborazione di ragazzi di tutto il mondo. Il progetto di questa ragazza lo possiamo inquadrare in un versante pedagogico che aiutava i genitori a comprendere la partecipazione dei loro figli. Partecipare alla stesura delle fan fiction o di qualsiasi altro genere (giornalino scolastico ad esempio) stimolano i lettori a credere nell'esistenza di un mondo sia fantastico che reale. Ciò consente di sviluppare abilità e competenze in grado di comprendere la parola scritta e di appassionarsi alla lettura, cosa divenuta molto poco comune ultimamente. Immedesimarsi con i propri personaggi preferito genere nel giovane lettore un senso di serenità ed apre alla creatività e alla fantasia. La capacità di scrivere e leggere, inoltre, ha degli effetti positivi anche sull'intelligenza emotiva perché si

---

[15] http://www.heathershow.com/potterwar/

impara a gestire e a calibrare le proprie emozioni. Creiamo e ci divertiamo con i nostri amici immaginari e impariamo a gestire ad essere più empatici con il prossimo. Già, perché affrontare con Harry il suo dolore di essere orfano e di aver perso anche il suo padrino, l'unica figura paterna che abbia mai conosciuto, ci permette di identificarci con il grande tabù che è la morte e di percepire meglio le emozioni negative di chi ci sta intorno. Se proviamo tristezza e dispiacere per Harry, in concomitanza proveremo le stesse emozioni anche per un nostro amico reale. Diventerà tutto più catartico. Questo perché le emozioni hanno bisogno di essere sia gestite che essere esternate. La stessa cosa avviene con le serie tv, pensateci: ogni volta che ci "leghiamo" alle storie dei personaggi ci sentiamo molto più propensi verso il prossimo perché ci siamo immedesimati nelle loro vicende e ciò permette di riproporre gli stessi atteggiamenti e comportamenti anche sul palcoscenico della vita reale. Pensate alla morte del dottore Dereck in Grey's anatomy o al sacrificio dei fratelli Salvatore, in the Vampire Diares, o a quello di Harry, per le loro amate e i loro amici. Vedere, percepire quelle scene non vi ha reso più tollerabili e sensibili? Non vi siete sentiti parte dei quello storytelling tanto quanto i loro personaggi? Le narrazioni seriali sono un mondo perfettamente ammobiliato tanto quanto i romanzi. Fatto di arredi e di cornici emozionali. Ad esempio il modo di entrare nella scuola immaginaria di Hether era consentito tramite la creazione di un'identità fittizia o avatar, per poi diventare i protagonisti delle storie di Hogwarts. Gli avatar sono degli alter ego che di solito funzionano da canalizzatori dei desideri e dei bisogni più nascosti che consentono di partecipare ai mondi fantastici o ai giochi di ruoli. Circa dieci anni fa, anche sui forum e sui blog di discussione si creavano avatar che avessero un nome, (reale o inventato) e un'immagine (foto personale o no). Nella Hogwarts immaginaria creata dalla Rowling i bambini mescolavano dettagli, anche banali, delle loro vite quotidiane con storie fantastiche ambientate nel mondo magico. La figura di un bambino "speciale", cresciuto in una famiglia babbana che scopre la sua vera identità nel momento più improbabile è un tema molto ricorrente e che attira il pubblico. Non mancano i riferimenti al cancro, alla scomparsa, al divorzio, alla distinzione tra classe sociale, tutti problemi che i bambini si trovano a dover affrontare, ma che con la messa in atto di un "intelligenza emotiva" riescono a superare. Harry Potter piace anche perché vi sono molti richiami alla vita reale stesso nella narrazione. Le storie vengono poi utilizzare per fuggire dalla realtà. Il mondo ricco e dettagliato della scrittrice concede molte porte d'ingresso. Alcuni ragazzi si sentono legati ai personaggi, a quelli principali come il protagonista o Silente, ma anche alle figure secondarie, i giocatori del quidditch, i camerieri della Stranberga strillante, gli amici dei genitori di Harry, tutte corrispondenze che permettono di reclamare un posto speciale per se stessi nella storia. Altro fattore importante è anche la nazionalità degli studenti della scuola di magia e stregoneria: Angelina è di origine nigeriana, Sirius è nato in India e frequentò la scuola di magia in Thailandia o ancora, chi non se lo ricorda, l'anno che Hogwarts ospitò il torneo tre maghi facendo risiedere studenti provenienti da altre parti del mondo. In questo senso la didattica e la comunità, sono:

- Inclusive, come accade nelle nostre scuole. Si cerca di essere più tolleranti e multietnici
- Rendere responsabili delle proprie azioni e delle proprie fantasie

Una conseguenza molto importante in merito all'educazione nei libri di Harry è il fatto che quasi tutti i partecipanti di questo mega mondo e del The Daily Prophet si immaginano come studenti dotati e capaci. Ad esempio il personaggio di Hermione ha raffigurato per molto tempo un modello di comportamento molto influente per tutte le ragazze studiose. Hermione vista come influencer che con il suo sapere riesce ad incantare il popolo della rete. Bambina, ragazza e poi donna, assume un ruolo importante nel mondo offline. Non era fonte d'imbarazzo assomigliare a una nerd tutta al femminile e né ad Harry, lo "sfigato senza una famiglia, ma il ragazzo speciale, colui che aveva in mano la sorte dell'interno mondo, o a Ron, l'amico di un ceto sociale molto più inferiore. Le amicizie di cui Harry si circonda dovrebbero far riflettere molto i giovani d'oggi. Non è lo status, la classe agiata, il possesso di oggetti costosi o di followers che definiscono una persona. Non è ciò che definisce lo status symbol, sono piuttosto le azioni che decidiamo di compiere e il gruppo di appartenenza con cui ci identifichiamo. Un buon cittadino sarà colui che avrà la consapevolezza delle buone maniere, di una solida etica e morale, saprà far intersecare educazione e formazione e avrà sviluppato abbastanza competenze che gli consentano di ritagliarsi uno spazio nel mondo fluido. In ogni caso, tutti siamo liberi di indentificarci con qualsiasi personaggio, di sesso maschile o femminile e anche sostenere l'esistenza di legami familiari particolari può essere un modo per marcare quelle identificazioni. Tutto ciò ci fa capire come una semplice fan fiction riesce a mobilitare e a costruire una comunità che si sostiene a vicenda e una propria identità. I ragazzi che partecipano a questa cultura convergente, possiedono specifiche abilità:

- Collaborativa: si ha capacità di unire la propria conoscenza ad altri per creare un'intrapresa collaborativa
- Capacità di condividere e mettere a confronto sistemi di valori nel valutare drammi e dilemmi etici (come accade con il gossip che nasce attorno ai reality)
- L'abilità di trovare collegamenti fra frammenti sparsi di infomazioni
- La capacità di esprime interpretazioni e sentimenti nutriti nei confronti di fiction popolari attraverso la propria cultura (è il caso dei fans di Stars Wars o Avengers). Nella Marvel c'è posto per tutti. Sembra quasi un regno incantato. Indipendentemente dalla razza, dal sesso, dalla religione, dallo status sociale o dal colore della loro pelle, fanno tutti parte di un destino comune. Le uniche cose per cui non c'è spazio sono l'odio, l'intolleranza e i bigotti. Quell'uomo accanto a te è tuo fratello, e il tuo vicino è tuo padre e per questo non voltargli mai le spalle. Quella donna laggiù, lei è tua sorella, tua amica, non umiliarla. E quel ragazzino che cammina tutto imbronciato e che si nasconde sotto a un cappellino, potrebbe avere la forza di un vulcano in eruzione. Siamo tutti parte di una grande famiglia. E quella famiglia è la Marvel.
- La capacità di far circolare le proprie creazioni in rete e di scambiarle con altri (fan del cinema). (Jekins,187,2007)

Tutte competenze culturali che sono alla base di una cultura digitale e che sono anche alla base della nuova didattica. Inoltre il gioco di ruolo è stato un mezzo per esplorare un regno fantastico e strumento per lo sviluppo di una conoscenza di noi stessi e della cultura che ci circonda. Un'introspezione del nostro io. Bambini e ragazzi hanno capito Harry perché hanno occupato un posto ad Hogwarts e fatto un viaggio nei segreti più torbidi del maghetto. Anche le aule scolastiche della scuola svolgono un ruolo importante. Le avventure continuano anche in un contesto extrascolastico, lontano dal controllo degli adulti. Ciò fa emergere anche l'importanza di un apprendimento che prende forma in spazi informali e ricreativi, specialmente quando lo confrontiamo con le politiche educative che tendono a misurare l'apprendimento solo con test standardizzati. Se i ragazzi si equipaggiano di strumenti necessari alla partecipazione diretta e totale della loro cultura, riusciranno ad apprendere anche quelle competenze impegnandosi in attività come la pubblicazione di un giornalino o imparando a vicenda (peer education - apprendimento tra pari). Tutto ciò fa pensare che ci debba essere una rielaborazione della scuola verso una scuola convergente. Jemes Paul Gee, docente della school of Education dell'università del Wisconsin, coniò l'espressione spazi di formalità per descrivere le culture di apprendimento non convenzionali e non formali. Lo studioso mette in evidenza le persone imparano meglio e sono più partecipi e si lasciano coinvolgere molto di più dalla cultura popolare piuttosto che dai contenuti dei libri di testo.[16] Questi spazi di affinità creano molte opportunità di apprendimento, ci dice Gee, perché sono intraprese in maniera comune e gettano un ponte per unire le differenze di età, classe, razza, genere e livello culturale. Le persone possono partecipare in differenti modi in base alle loro capacità e ai loro interessi, in quanto tutto dipende da un apprendimento tra pari in cui ogni soggetto è sempre motivato ad acquisire nuove conoscenze o migliorare le competenze che già possiede e ciò permette di sentirsi esperto in una determinata disciplina con l'appoggio delle

---

[16] Gee, James Paul Semiotic Social Spaces and Affinity Spaces: From The Age of Mythology to Today's Schools Cambridge University Press, 2005 Spazio affinità

conoscenze e delle abilità degli altri. Oggi si parla di impalcatura (scaffolding) per indicare quella modalità di apprendimento che incoraggi i ragazzi a mettere alla prova le nuove abilità basandole su quelle già acquisite, in questo modo le ultime fanno da supporto per le nuove fino ad arrivare ad un'autonomia da parte dello studente. Nella cultura partecipativa classica del mondo digitale, tutta la comunità diventa responsabile e aiuta le nuove leve a trovare la loro via. Attraverso la composizione dei fan fiction si ha:

- Sviluppo della propria arte
- Si diventa critici
- Redattori
- Acquisizione di un lessico critico che servirà a riflettere sulle narrazioni
- Circolazione delle proprie idee
- Distribuzione massiccia sul web

Attraverso la discussione online giovani autori acquisiscono anche un vocabolario per discutere di scrittura e imparano come scrivere e come migliorare la propria scrittura creativa. È come se diventasse un laboratorio di scrittura online.

In sostanza possiamo dire che le fan fiction sono una forma di arte a tutti gli effetti e che si circondano di critiche (obiettive e costruttive) e queste tipe di esperienze aumentano la fiducia nelle proprie capacità delle persone e le incoraggiano. La comunità dei fan ha compiuto enormi progressi nell'offerta di un'istruzione informale per gli scrittori emergenti. Il più vasto archivio del maghetto (fictionally.org) conta più di 30.000 storie e capitoli di libri, fra cui anche romanzi completi o parziali. Inoltre, quando si parla di libri si dà vita anche a confronti con altri generi letterari e si fanno collegamenti con tradizioni teologiche e filosofiche, si fa dibattito, si comunicano idee e conoscenze. I libri come i film della Rowling, sono stati l'impalcatura di cui i giovani avevano bisogno per soffermarsi meglio su altre componenti della scrittura. Il magico mondo di Harry è ricco di retroscena, dove altri personaggi hanno una vita e su cui si può fantasticare. Harry Potter è un racconto sulle migliaia di storie di adolescenti che combattono contro le ingiustizie della vita e sulle difficoltà che incontrano ogni giorno a scuola per poi affrontare la vita fuori dallo schermo protettivo.

Oggi viviamo in un mondo dove il sapere è condiviso e dove la critica è in continua evoluzione. C'è anche da dire che gli istituti scolastici mettono dei limiti a ciò che si può scrivere e pubblicare le proprie storie online li rende più esposti a critiche e giudizi. I giovani si espongono e si assumono così il rischio di affrontare anche le conseguenze. Ciò li porta ad essere anche più responsabili e a provare interesse fino ad appassionarsi alla lettura grazie all'amore per l'oggetto di cui scrivono. Leggere, scrivere, fare comunità e padroneggiare molti tipi di contenuti, fino a rivendicare i propri diritti, lo dobbiamo ad Harry Potter e alla potenza del media digitale, la rete.

Conclusioni

Il mio intento è stato quello di indagare i nuovi prodotti multimediali in chiave moderna. In questo lavoro abbiamo visto come i social media, nelle loro componenti espressive, produttive e culturali, riescono a fare emergere, se analizzati all'interno di una matrice sociologica, presupposti teorici legati ai concetti di amicizia, educazione, identità, privacy, amore, tecnologia, dinamiche di gruppo e status. Abbiamo analizzato con le principali interpretazioni sociologiche i fenomeni che caratterizzano la comunicazione di massa e l'influenza dei vecchi e dei nuovi media per vedere con quale forza esercitano influenze sulla società. In tema di influenza i media sono degli ottimi medium che modificano i comportamenti politici e sociali. Potremmo dire che le caratteristiche fondamentali dei nuovi media sono: la possibilità per l'utente di selezionare le informazioni alle quali desidera accedere; la possibilità non solo di ricevere, ma anche di inviare comunicazioni; in terzo luogo la possibilità di combinare sia in entrata che in uscita vari tipo di messaggi (parole, suoni, immagini) usando insieme le potenzialità dei vari device digitali. Selettività, interattività e multimedialità definiscono i tratti dei nuovi mezzi di comunicazione. A queste caratteristiche va aggiunta anche la virtualità, che seduce i giovani d'oggi. Con la virtualità vi è la possibilità di creare dei mondi artificiali con i quali entrare in rapporto e interagire. Navigare in rete è diventata un'importante fonte di informazioni utili alla propria attività professionale e anche un'attività di tempo libero; i gruppi di discussione e le cosiddette chat lines, sono sostituite dalle app (tik-tok, instagram e facebook) che mettono in contatto reti di persone creando nuove forme di socialità. La velocità con cui si sono diffusi i social media e il loro impatto sulla vita quotidiana di milioni di persone, fanno ritenere che stiamo assistendo ad una rivoluzione tecnologica e sociale paragonabile alla rivoluzione industriale e paleolitica. Ogni società deve assicurare la propria continuità nel tempo, trasmettendo agli individui che la compongono il proprio patrimonio culturale. Nei capitoli ho affrontato vari aspetti inerenti ai social media, tra cui educazione e socializzazione. La socializzazione primaria e secondaria è importante per quanto concerne i processi di formazione dell'identità in quanto rappresentano i meccanismi tramite cui gli uomini entrano a far parte del tessuto sociale. Come sappiamo la scuola è la prima istituzione sociale extrafamiliare con la quale l'individuo entra in rapporto e l'ingresso della scuola segna convenzionalmente l'inizio della socializzazione secondaria. Grande importanza nei processi di socializzazione secondaria ha, inoltre, il gruppo dei pari. È necessario porre l'azione sul processo di socializzazione e sul rapporto tra gli agenti di socializzazione (famiglia, scuola, organizzazione, compagni e media), dotati di un'autorità pedagogica, e destinatari della loro azione, coloro che devono essere socializzati. Non è indubbio che tra gli agenti di socializzazione secondaria bisogna annoverare anche i mezzi di comunicazione di massi e i social media, in quanto la loro influenza interferisce e si sovrappone a quella degli altri agenti di socializzazione. Essi influiscono non più solo sulla trasmissione di informazione e conoscenze, ma nella costruzione di atteggiamenti, opinioni e comportamenti relativi alle più diverse sfere di attività. È importante sottolineare che i social diffondono valori e modelli di comportamento che possono essere spesso difformi e contrastanti da quelli trasmessi da altre agenzie. Prima tv e cinema erano portatrici di canoni e modelli da seguire, ora lo scenario è notevolmente modificato. Bisognerebbe insistere su una logica di azione che porti alla convergenza tra la famiglia, la scuola, lavoro, gruppi di appartenenza e media digitali. Come abbiamo detto, i mezzi di comunicazione di massa, interferiscono ormai nell'azione di tutti gli agenti di socializzazione. Genitori e insegnanti, ad esempio, manifestano spesso ostilità nei confronti degli artefatti digitali e delle grandi narrazioni televisive, che percepiscono come fattori che svalorizzano la loro funzione e toglie efficacia ai loro messaggi educativi. Ma gli stessi mezzi di comunicazione diffondono modelli tra loro incoerenti, la cultura di massa è frammentaria ed eterogena, non produce effetti di omologazione quanto piuttosto di dispersione. È di vitale importanza che un individuo, al di là del primo stadio infantile, diventi un agente attivo della propria socializzazione. È l'individuo stesso che si trova a dover gestire il conflitto che in una società molto differenziata si produce tra vari strumenti, ma è proprio questa possibilità che garantisce l'esistenza di uno spazio di libertà per i giovani e definisce i confini della sua capacità di indirizzare il processo della propria socializzazione e di costruire la propria identità e di formarsi come individuo e cittadino.

BIBLIOGRAFIA

Abruzzese A. (2007), *Sociologia della comunicazione*, Roma La Terza.

Bauman Z. (2013) , *Communitas. Uguali e diversi nella società liquida*, Roma Alberti editore.

Bauman Z. (2014), *La vita tra reale e virtuale*, Milano Egea editori.

Bauman Z. (2009), *Paura Liquida*, Roma-Bari La Terza.

Bauman Z. (2014), *Danni Collaterali*, Roma-Bari La Terza.

Bauman Z.(2006), *Amore liquido. Sulla fragilità dei legami affettivi*, Roma – Bari La Terza.

Bennato D .(2011), *Sociologia dei media digitali*, Roma-Bari La Terza.

Cristante S. (2011), *Prima dei mass media, la costruzione sociale della comunicazione*, Milano Egea editori.

Comunello F. (2010), *Networked Sociability*, Milano Guerini scientifica.

De Kerckhove D (2000), *La pelle della cultura*, Genova, Costa e Noian, 2000.

Giaccardi C.(2010), *Media e magia- Secolarizzazione dell'esperienza Magica, usi magici dei media*, Milano, Comunicazioni sociali, rivista dei media, spettacolo e studi culturali.

Goffman E. (1959), *La vita quotidiana come rappresentazione*, Bologna Il Mulino.

Ghlen A. (1983), *Antropologia filosofica e teoria dell'azione*, Napoli Guida editore.

Highfield R. (2005), *La scienza di Harry Potter come funziona veramente la magia*, Milano Oscar Mondadori, 2005

Jenkins H. (2006), *Cultura convergente*, Milano, Apogeo.
McLhuan M. (1967), *Gli strumenti del comunicare. Understanding Media: The Extensions of Man*, Milano, Il Saggiatore.
Morin E. (2015), *Etica e identità umana*, Milano Egea.
Morin E.(2002), *Lo spirito del tempo*, Milano Meltemi.
Niola Marino. (2012), *Miti d'oggi*, Milano, Bompiani.
Pecchinenda G. (2010), *Videogiochi e cultura della simulazione*, Roma, la Terza.
Regazzoni Simone. (2008), *Harry potter e la filosofia*, Genova, Il Nuovo Melangolo.
Susca V. e De Kerckhove D. (2008), *Transpolitica, nuovi rapporti di potere e di sapere*, Milano, Apogeo.
Scaglioni M. (2006), *TV di culto, la serialità televisiva americana e il suo fandom*, Milano, Vita e Pensiero.
Simmel G. (1995), *La metropoli e la vita dello spirito*, Roma, Armando Editore.
Sciolla L. (2002), *Sociologia dei processi culturali*, Bologna, Il Mulino.
Tedeschi Enrica. (2003), *Vita da fan*, Roma. Meltemi.
Weinberger D. (2012), *La stanza intelligente, la conoscenza come proprietà della rete*, Torino, Codice.
Wiener N. (2012), *Introduzione alla cibernetica. L'uso umano degli esseri umani*, Torino, Bollati Boringhieri
Wallance R. e Wolf A. (1994), *La teoria sociologica contemporanea*, Bologna, Il Mulino.

48654CB00007B/452